Q18366

T5-ADZ-913

HELMUT KUHN

DIE WAHRE TRAGÖDIE

Platon als Nachfolger der Tragiker

SONDERDRUCK AUS:

DAS PLATONBILD

ZEHN BEITRÄGE
ZUM PLATONVERSTÄNDNIS

HERAUSGEGEBEN
VON
KONRAD GAISER

1970
GEORG OLMS VERLAG
HILDESHEIM · NEW YORK

© Copyright 1970 by Georg Olms, Hildesheim
Printed in Germany
Herstellung: fotokop wilhelm weihert, Darmstadt
Best.-Nr. 5103 048

HELMUT KUHN

DIE WAHRE TRAGÖDIE

Platon als Nachfolger der Tragiker

> »Plato was still a poet of the race of Homer and Pindar and Aeschylus, though the first of philosophers.«
> *Paul Elmer More*

I. Einleitung
II. Drama und Dialektik
III. Platon, Feind und Nachfolger der Tragiker
IV. Die tragische Theodizee
V. Das philosophische Drama
VI. Die Emanzipation des Individuums
VII. Die Emanzipation des Individuums und der Kosmos
VIII. Die Vertreibung der Musen

I. Einleitung

Nur ein kurzer Zeitraum trennt Platons Werk von der Blüte der attischen Tragödie. Als Sophokles starb, war Platon eben zum Mann geworden. So ergibt sich natürlicherweise die Frage, ob die zeitliche Abfolge geschichtlich bedeutsam ist. Läßt sich eine Entwicklungslinie entdecken, die von Aischylos und Sophokles zu Platon hinführt? Gehört die griechische Tragödie zu den geschichtlichen Voraussetzungen der platonischen Philosophie? Auf den folgenden Seiten soll eine bejahende Antwort versucht werden.

Die Frage einer Beziehung zwischen Tragödie und Platons Philosophie ist sinnvoll nur, wenn die beiden Schöpfungen im Dienste einer ihnen gemeinsamen Sache stehen, derart etwa, daß der Philosoph an dem Punkte fortfährt, bis zu dem die Tragiker vorgedrungen waren. Dieses ihnen gemeinsame Vorhaben soll im folgenden betrachtet werden, einmal (a) als die Entfaltung einer antithetischen Schau der Wirklichkeit, sodann (b) als die Lösung des durch Leiden und Übel aufgegebenen Problems und schließlich (c) als die Vertiefung des menschlichen Selbstbewußtseins.

a) Zum Wesen der Wirklichkeit gehört es, daß sie sich einer Interpretation mit Hilfe von polaren Begriffen darbietet. Aber der griechische Geist verweigerte sich der bequemen Lösung, welche die Welt als einen Streit zwischen Gut und Böse versteht — eine Vereinfachung, die den Impuls der Forschung zu lähmen geeignet ist. Die griechische Art, sich dem Problem zu nähern, scheint darauf berechnet, es zunächst im Hintergrund zu lassen. Wenn sich schließlich die Dualität als ein beherrschender Wesenszug enthüllt, dann wird sie, statt ein noch im Entstehen befindliches Weltbild zu verkrüppeln, eine reife Erfahrung der Wirklichkeit, die Frucht weiser Zurückhaltung, zusammenzufassen und zu gliedern imstande sein. Ohne sich vorzeitig zu einer bestimmten religiösen oder moralischen Gestalt zu kristallisieren, durchdrang die Idee eines fundamentalen Antagonismus das griechische Denken wie ein Sauerteig. In diesem Bildungsprozeß bezeichnen Tragödie und platonische Philosophie zwei einander ablösende Phasen, und es ist schwierig, sich die zweite ohne die erste vorzustellen. Die tragische Antithese von Protagonist und Antagonist zeigt sich umgeformt in Platons Dialogen als der Kampf des Sokrates gegen die Sophisten oder als die Zweiheit von göttlicher Vernunft und Notwendigkeit. Diese Umformung ist ein Fortschritt im Sinne größerer Klarheit. Jedoch bringt die erfolgreiche Klärung des Problems, an welchem sich die tragischen Dichter abmühten, neue, auch für Platon unlösbare Probleme mit sich. Die Tiefe des Gehalts dieser Probleme sollte sich erst den Denkern der christlichen Ära, vor allem dem hl. Augustin, erschließen.

b) Alles menschliche Leiden enthält das Moment intellektueller Ausweglosigkeit. In seiner Bedrängnis wird der Leidgeprüfte fragen: Warum mußte gerade mich dies Elend treffen? Wer ist schuld daran? Welchen Sinn hat es? Zwischen dem Tragiker, der das Leiden darstellt, und dem Philosophen, der von der intellektuellen Not bewegt ist, besteht eine Interessengemeinschaft, und demgemäß werden wir nicht überrascht sein zu finden, daß Platons Kritik der Dichtung sich vor allem um das Problem des Leidens und seiner Behandlung durch die Dichter dreht. Er gibt uns zu verstehen, daß sie Pfuscher im Geschäft des Philosophen sind. Er selbst aber macht sich daran, ihre fehlerhafte Tragödie durch seine eigene Dichtung zu ersetzen — durch die »wahrste Tragödie«. Platons Feindseligkeit gegen die Tragiker ist die des Mitbewerbers und Nachfolgers. Seine mit der Tragödie in Wettbewerb tretende Schöpfung, dazu bestimmt, in angemessener Weise sowohl das Elend des Menschen wie auch seine Glückseligkeit zu würdigen, hat eine in hervorragendem Maße politische und pädagogische Bedeutung. Sie wendet sich auch an diejenigen, die entweder für die Philosophie selbst überhaupt untauglich oder noch nicht reif für sie sind. Aber zugleich ist diese philosophische Dichtung bewegt durch die beunruhigende Gegenwärtigkeit jener ungelösten Probleme, die sich aus der Übersetzung der aischyleischen Theodizee in die Sprache des platonischen Denkens ergeben.

c) Die Klärung des antithetischen Lebensverständnisses rückt die entscheidende Rolle ins Licht, die dem handelnden Menschen im Gesamtbild der Wirklichkeit zukommt. »Nicht ich bin schuld, sondern Zeus und das Schicksal und die im Dunkel wandelnde Erinnye, die mir das Herz mit blinder Wut erfüllten«. Mit diesen Worten entschuldigt Agamemnon in der *Ilias* (XIX 86—88) sein Verhalten, das um ein Haar der griechischen Heeresmacht den Untergang bereitet hätte. Der tragische Held beruhigt sich nicht mehr mit dieser Ausrede, obwohl er immer noch auf sie zurückgreift. Bei Platon ist sie endgültig unter Verbot gestellt. Der sich verschärfende Sinn für Verantwortung entspricht einer Vertiefung der intellektuellen Verlegenheit angesichts der Wahl. Die Frage des Orest »Was soll ich tun?« und die Frage des Sokrates »Was ist das Gute?« bezeichnen Stufen im Wachstum des Selbstbewußtseins des handelnden Menschen. Dieser Vorgang spiegelt und bewirkt die allmähliche Emanzipation des Individuums aus alten Begrenzungen und Verpflichtungen. Der Begriff vom Menschen als dem Glied einer geheiligten Weltordnung fand klassischen Ausdruck im griechischen Glauben an den Kosmos. Deswegen ist das Wachstum des Freiheitsbewußtseins verbunden mit einer Zersetzung eben dieses Glaubens. Im Blick auf diese Gedankenlinie wird sich wiederum zeigen, daß Platons Philosophie eine Tendenz, die in der Tragödie keimhaft angelegt ist, zu ihren logischen Folgerungen durchführt.

Die drei von uns unterschiedenen Tendenzen sind Aspekte einer einheitlichen Entwicklung. Erst nachdem der Gedanke eines universalen Antagonismus sich seiner vernünftigen Klärung näherte, wurde es möglich, das Problem des Leidens in unzweideutiger Weise zu formulieren; und die gleiche Klärung brachte den griechischen Menschen dazu, sich selbst als den Urheber seiner Taten ins Auge zu fassen. Die allgemeine Bedeutung dieser Entwicklung ist doppelter Art, und beide Bedeutungsmomente werden uns in der Folge zu beschäftigen haben. Als ein einzigartiger Wachstumsvorgang bildet sie einen noch heute gültigen Grundbegriff aus: sie eröffnet ein Kapitel in der Geschichte der menschlichen Freiheit. Aus seinem mythischen Schlummer erwachend beginnt der Mensch zu begreifen, was es bedeutet, ein verantwortlich handelndes Wesen zu sein. Zugleich enthüllt sich dem nachdenklichen Blick ein zeitloser Antagonismus: zwei unversöhnliche und doch verwandte Formen der Auseinandersetzung mit dem Problem des Leidens aus Leidenschaft zeichnen sich ab. Die Tragödie erzielt eine Katharsis durch die dichterische, musikalische und theatralische Darstellung der Leidenschaft. Die Philosophie hingegen beschwichtigt die Leidenschaft in der Betrachtung. Eine tiefe Übereinstimmung liegt dem Gegensatz dieser beiden Heilungsweisen zugrunde. Die lustvolle Entladung des Gemüts kann sich erst dann einstellen, wenn sich der Dichter zu einer einheitlichen, wenn auch gedanklich mangelhaften Schau der Wirklichkeit erhebt. Auf der anderen Seite wird auch das Leben der Betrachtung nur dann dem Verdachte entgehen, sich durch unredliche Flucht retten zu wollen, wenn sie aus einer furchtlosen Anerkennung der Antinomien der Wirklichkeit erwächst. Eros, des Philosophen dämonisches Geleit, wie auch sein dichterisches Gleichnis im *Symposion*, ist von der Luft der Tragödie umwittert. »Rauh ist er und unansehnlich, unbeschuht, ohne Behausung, auf dem Boden immer umherliegend und unbedeckt, schläft vor den Türen und auf den Straßen im Freien und ist der Natur seiner Mutter gemäß immer der Dürftigkeit Genosse« (203 CD, Schleiermacher).

II. Drama und Dialektik

Platons literarisches Werk zeigt mancherlei Spuren vielartiger Einflüsse, die bei der Gestaltung seines Denkens mitwirkten, und die neuere Forschung hat sich bemüht, seine ausdrücklichen oder verhüllten Hinweise auf Vorläufer zu würdigen und die verschiedenen Einwirkungen gegeneinander abzuwägen. Die orphische Religion und der ihr eng verbündete Pythagoreismus, die ionische Kosmologie von Thales bis Anaxagoras, Heraklit, die eleatische Schule und schließlich die Sophistik — dies etwa, so hat sich gezeigt, dürften die wichtigsten Quellen sein, aus denen Platon geschöpft hat. All diese Einwirkungen freilich werden überragt durch Sokrates, dessen einzigartige Gestalt sich aus dem Werke seines großen Schülers überhaupt nicht rein herauslösen läßt. Nun verzeichnet unsere Liste die großen geistigen Kräfte der vorplatonischen Zeit mit einer Ausnahme. Der griechischen Dichtung wird selten ein bedeutender Platz unter den geistigen Ahnen Platons eingeräumt. Damit soll nicht gesagt sein, daß die modernen Geschichtsschreiber der Philosophie es versäumt hätten, Homer, die lyrischen Dichter und die attische Tragödie als Dokumente einer geistigen Entwicklung zu interpretieren, die schließlich in Platons philosophischer Synthese gipfelte. In der Regel aber werden die Dichter hauptsächlich als ein Medium geprüft, in dem sich eine allgemeine Entwicklung spiegelt, und weniger im Hinblick auf die ihnen eigene Aussage. Pindar und Sophokles z. B. lassen sich als Zeugen des orphischen Glaubens mittelbar mit der platonischen Gedankenwelt verknüpfen. Da jedoch der orphische Jenseitsglaube zum Wesen weder der Oden Pindars noch der Sophokleischen Tragödie gehört, bleibt die Beobachtung belanglos für unsere Fragestellung: diese betrifft die unmittelbare Beziehung zwischen tragischer Dichtung und Platon. Ein Gleiches gilt von den Formeln gnomischer Weisheit in Lyrik und Tragödie.

Die wahre Tragödie

Die Wiederkehr der gleichen Sprüche bei Platon besagt nicht mehr, als daß die Literatur nicht aufhört, von mündlicher Weisheit zu lernen. Auch bedeutet es wenig, ob wir glauben, Platon habe sich bei der Niederschrift des Mythos vom Ursprung menschlicher Gesittung, welchen er dem Protagoras in den Mund legte, des zweiten Chorgesangs in der *Antigone* erinnert. Die isolierte Entlehnung, ob vermutet oder zweifelsfrei, bleibt ohne tiefere Bedeutung.

Im folgenden soll das Verhältnis untersucht werden, das zwischen der platonischen Philosophie und der Tragödie als einer Wesenheit (und nicht einem Medium) besteht. Mit Euripides wurde die griechische Tragödie in einem neuen Sinne des Wortes zur Literatur. Sein wißbegieriger und unruhiger Geist suchte nach neuen Lösungen für die Probleme seiner Zeit, und er liebte es, mit den Ansichten zu experimentieren, die von zeitgenössischen Sophisten und Philosophen vorgebracht worden waren. Er scheute sich nicht zu ›zitieren‹. Diese neue Art eines nachdrücklichen Austausches zwischen Dichtung und Philosophie als zwei voneinander verschiedenen Typen der Literatur wirft besondere Fragen auf, die wir für unseren gegenwärtigen Zweck außer acht lassen müssen. Unsere Aufmerksamkeit wird fast ausschließlich Aischylos und Sophokles gelten. Die Frage für uns lautet: ob sie als ebenbürtig neben die anerkannten Vorläufer Platons gestellt werden dürfen. Der Einwand, man solle Dichtung als Zeugnis von Gedanken nicht allzu ernst nehmen, ist längst widerlegt. Die Griechen jedenfalls nahmen ihre Dichter ernst. Wenn Platon die frühen kosmologischen Hypothesen aufzählt, nennt er Homer zusammen mit den ionischen Physiologen; und wenn er in einem anderen Zusammenhang die Dichtung als Spiel mit Einbildungen verwirft, so trifft dieser Urteilsspruch auch die frühzeitlichen Vertreter griechischer Spekulation. Sobald uns dies eingeräumt wird, dürfte schon ein Sinn für historische Proportion vor Prüfung der einzelnen Argumente die Vermutung nahelegen, die tragischen Dichter möchten sich unter den Bahnbereitern des platonischen Denkens finden. Platon war ein königlicher Borger, und man darf von ihm erwarten, daß ihm jene einzigartige Schöpfung tributpflichtig wurde, welche, ein Sproß des attischen Bodens wie die neue Philosophie, »der griechischen Poesie die große Einheit alles Menschlichen wiedergegeben hat« [1].

Ein Blick auf die literarische Form liefert ein weiteres vorläufiges Argument. In einem bekannten Satz seiner *Poetik* (1447 a 28 — b 11) stellt Aristoteles die sokratischen Gespräche (eine Gattung, die außer den Schriften Platons auch die des Alexamenos, Aischines und anderer umfaßte) mit Sophrons und Xenarchos' Mimen zusammen. Beide literarischen Gattungen verbinden

---

1) Werner Jaeger, *Paideia — Die Formung des griechischen Menschen*, Berlin, I, ⁴1959, 312.

Prosa mit dramatischer Form. Die Annahme einer Beziehung zwischen den platonischen Dialogen und dem Mimos wird ferner bestätigt durch den Bericht von der Bewunderung, die Platon für die Spiele des Sophron gehegt haben soll, aber auch durch verhüllte, in den Dialogen verstreute Anspielungen auf diesen sizilischen Autor[2]. Da sich Spuren eines von Sizilien herüberwirkenden Einflusses in Aischylos entdecken lassen, darf ein indirekter Zusammenhang zwischen dem Tragiker und Platon angenommen werden[3]. Aber wir brauchen uns mit dieser vagen Vermutung nicht zufrieden zu geben. Mit Aristoteles zu reden sind die sokratischen Gespräche »von ernster Bedeutung« (σπουδαῖοι). Der Mimos dagegen besitzt diese Eigenschaft nicht. Wenn wir nun die Unterscheidung zwischen dem Ernsten und dem Scherzhaften gegenüber der von Prosa und Vers betonen, gelangen wir dazu, die Beobachtungen des Aristoteles abzuwandeln und die sokratischen Gespräche in die Nähe der Tragödie zu rücken. Im Rahmenwerk der aristotelischen Begriffe gehören die beiden zusammen als dramatische Wiedergaben (im Unterschiede zu erzählendem Bericht) von ernster Bedeutung. In dieser Klassifizierung können wir einen Kern von historischer Bedeutung entdecken. In den platonischen Dialogen gewinnt der Zusammenstoß diametral entgegengesetzter Ansichten dadurch dramatisches Leben, daß sie angemessenen Charakteren zugeteilt werden — ein unter dem Namen der Synkrisis bekanntes literarisches Darstellungsmittel. Der Antagonismus von Philosophie und Sophistik, und das will sagen von zwei Auffassungen des Lebens, wird als ein Konflikt zwischen Personen dargestellt, zwischen Sokrates und den Sophisten. Platon muß Beispiele dramatisierter Dialektik in Epicharm, dem »Gipfel der Komödie«[4], vorgefunden haben, und wir dürfen uns die erbitterten Wortkämpfe, die Erde und See oder Logos mit Logina ausfochten, als burleske Vorwegnahme der sokratischen *logomachia*[5] vorstellen. Aber mit noch größerer Zuversicht dürfen wir behaupten, daß eine vorsokratische Form der dialogischen Kontroverse in der Tragödie zu finden ist.

In den Wortkämpfen zwischen Antigone und Ismene, Antigone und Kreon, Neoptolemos und Odysseus, Elektra und Chrysothemis bildet die Einheit

---

2) Diogenes Laert. III 18; Duris bei Athenaios XI 504 b; Platon, *Politeia* V 451 C, X 606 C; vgl. U. v. Wilamowitz-Möllendorff, *Antigonos von Karystos*, Berlin 1881, 285.
3) Athenaios IX 402 b; vgl. W. B. Stanford, *Traces of Sicilian Influence in Aeschylus*, Proc. of the Royal Irish Academy, 44, 1938, 229—240.
4) Platon, *Theait.* 152 E. — Man wird nicht verfehlen, sich hier des berühmten Wortkampfes der »gerechten Rede« und der »ungerechten Rede« in den *Wolken* des Aristophanes zu erinnern. Doch das Gesetz der klassischen Komödie verlangt, daß beide, der ungerechte, aber auch der gerechte Partner, auf komische Weise unrecht haben — wodurch der Sinn der Entgegensetzung auf unplatonische Weise ins Wanken gerät. Vgl. Leo Strauss, *Socrates and Aristophanes*, New York — London 1966, 30—33.
5) Vgl. Gilbert Norwood, *Greek Comedy*, London 1931, 105—106.

von Gesichtspunkt und Charakter oder von logischem Widerspruch und persönlichem Konflikt den Nerv des dramatischen Vorgangs, der in der raschen Abfolge von Stoß und Gegenstoß, der Stichomythie, ihren Höhepunkt erreicht.

> Elektra: Lehre mich nicht, denen untreu zu sein, die ich liebe.
> Chrysothemis: Nicht dies lehre ich, sondern denen zu weichen, die Gewalt haben (Sophokles, *El.* 395—396).

Der Kampf zwischen dem Philosophen und dem Sophisten, der die platonischen Dialoge belebt, basiert nach Aristoteles (Metaph. Γ 2, 1004 b 25) auf einer Verschiedenheit der »Lebenswahl« (τοῦ βίου τῇ προαιρέσει). Der eine wählt ein Leben, das lebenswert ist, weil es sich auf die Wahrheit über das menschliche Leben gründet, der andere den Schein eines solchen Lebens. Die tragischen Paare bei Sophokles verkörpern gleichfalls einander entgegengesetzte Lebensformen. Schon die äußere Erscheinung der beiden Schwestern in der *Elektra* des Sophokles verdeutlicht den Gegensatz. Bleich, hohläugig, erschöpft und in Lumpen — so steht Elektra vor uns, Chrysothemis hingegen frisch und jugendlich, in fürstlicher Gewandung. Wiederum besteht kein Zweifel darüber, daß diese im Kampf miteinander stehenden Lebensformen nicht einfach verschiedene Charaktere ausdrücken, sondern das Ergebnis einer Entscheidung sind. »Entscheide dich endlich!« fordert Elektra ungeduldig (V. 345). Für sie geht es um die Wahl zwischen dem, was recht ist und um jeden Preis in Treue verteidigt werden muß, auf der einen, und den durch Feigheit erkauften Bequemlichkeiten des Lebens auf der anderen Seite (359—364). Diese »tragische Wahl« wird uns noch weiterhin begegnen.

In der vielförmigen Schar der von Platon porträtierten Sophisten entdecken wir einen eigentümlichen Typus, der auf das glänzendste von Protagoras vertreten wird. In ihm und seinesgleichen gewinnen kluge Einsicht und Anpassungsfähigkeit den Schein von Mäßigkeit; und der Opportunismus, als Weisheit verkleidet, tritt mit angemaßter Würde auf. Seine Vorstellung, daß für die Bürger immer gut ist, was der Staat, welcher Beschaffenheit er und seine Herrscher auch sein mögen, für gut erklärt, verträgt sich sehr wohl mit Ismenes und Chrysothemis' Maxime: Weiche dem Mächtigen! Die Hoffnung der Chrysothemis, ihr möchte Verzeihung (συγγνώμη, 400) von dem gewährt werden, dessen Gedächtnis sie verrät, ist das weibliche Gegenstück zu des Sophisten bescheidenem und zugleich selbstgefälligem Anspruch: er trage sein Scherflein bei zur Verbreitung des Wissens, dessen Grundlagen zu verleugnen er sich genötigt sieht. Eine verwandte Konstellation bestimmt den tragischen und den platonisch-dialektischen Antagonismus. Unnachgiebige Festigkeit tritt gegen die Gewitztheit der Kinder dieser Welt in die Schranken. Die Ähnlichkeit der Konfiguration führt bisweilen zum identischen sprachlichen Ausdruck. Im *Philoktet* des Sophokles verkündet Odysseus, Meister der Kunst, »die Seele durch Worte zu täuschen« (V. 55), als die Summe seiner Weisheit, daß »die Zunge die Welt regiert und nicht die Taten« (99). Erzürnt durch die Weigerung des Neoptolemos, sich seinen Plänen zu fügen, ruft er aus: »Bei den Göttern, sagst du das, um mich zu beleidigen?« »Nein, es sei denn Beleidigung, die Wahrheit zu sagen« (1235—36), erwidert Neoptolemos. Im ersten Absatz der *Apologie* warnt Sokrates seine Richter davor, die ihm eigene Art zu sprechen mit der sophistischen Redekunst des Anwalts zu verwechseln. Meine Hörer werden schon herausfinden, daß ich kein Redner bin, sagt er, »es sei denn, sie betrachten den als einen gewaltigen Redner, der die Wahrheit sagt«. Die nackte Wahrheit, die ihren Glanz ironisch in einem Nachsatz verhüllt, beschämt den Mißbrauch und das Mißverständnis der Sprache [6].

Ein letztes Beispiel für die Analogie der dramatischen Struktur mag wiederum zeigen, daß sie im Parallelismus der Situationen wurzelt. Der Konflikt im *Gefesselten Prometheus* des Aischylos spielt zwischen dem »menschenliebenden« Titanen, dem Erretter unseres Geschlechts, und Zeus, dem jungen Herren der Welt, einem zornmütigen und rachelustigen Despoten. Der Kampf zwischen dem Dynasten der Vorzeit und dem neuen Herrscher dramatisiert in gewissen Grenzen den Antagonismus von Recht und Macht. Drei Personen (oder Gruppen von Personen) nähern sich nacheinander dem Gepeinigten, und jede von ihnen drückt in ihrer eigenen Weise die Macht des Zeus aus und versucht zugleich, zwischen den Antagonisten zu vermitteln. Zuerst die Okeaniden: sie tadeln Prometheus mit sanften Worten wegen seiner allzu kühnen Redeweise. Dann folgt Okeanos, in Wort und Tat ein Anhänger des Leitspruchs »Wider den Stachel sollst du nicht löcken« (*Prom.* 323); und schließlich tritt Hermes auf, das gelehrige Werkzeug der souveränen Macht, Prototyp des olympischen Höflings. Aber Vorwurf, Beweisführung und Drohung aus solchem Munde steigern den Trotz des Titanen zu offener Auflehnung. Die Umrißlinie der tragischen Fabel fordert zum Vergleich mit der Komposition des platonischen *Gorgias* heraus — ein Dialog, der gleichfalls den Kampf zwischen Macht und Recht dramatisiert. Wieder finden wir drei Sendboten des Prinzips des »tyrannischen Lebens«, die nacheinander sich in ein Wortgefecht mit dem Anwalt der Gerechtigkeit einlassen, und die Abfolge ist auch hier Steigerung. In der Vorstellung des Polos von einer moralisch neutralen Redekunst (wobei jedoch die Macht des Redners charakteristischerweise mit der des Tyrannen verglichen wird, 466 B) bleibt das Prinzip noch unausgesprochen; es wird

---

6) Louis Dyer, *Plato as a Playwright*, Harvard Studies in Class. Philol. 12, 1901, 171, lenkt die Aufmerksamkeit auf die Analogie zwischen dem Prolog in der Tragödie und im platonischen Dialog.

ausdrücklich bekannt von Gorgias, wenn auch mit jenen vorsichtigen Einschränkungen, die eine konventionelle Schamhaftigkeit dem erfolgreichen Rhetor aufzwingt; schließlich aber tritt es durch den skrupellosen Kallikles schamlos hervor: Macht ist Recht. Gewiß, Sokrates ist nicht an einer einsamen Felsenklippe angeschmiedet. Doch selbst in dieser urbanen platonischen Disputation mit ihrer intellektuell verfeinerten Atmosphäre kündigt sich die Tragödie an. Die bösen Worte des Kallikles spielen unverkennbar auf das Schicksal an, dem Sokrates entgegengeht (486 AB). Überdies ermutigt uns Platon selbst dazu, die Welt seines Dialogs mit der der Tragödie in Verbindung zu bringen. Er veranschaulicht das in Frage stehende Entweder/Oder durch den Hinweis auf Zethos und Amphion, die ungleichen Brüder, die Euripides in seiner *Antiope* auf die Bühne gebracht hat: der eine kühn, stark und rauh, der andere ein zarter Freund der Musen, der erste eine Verkörperung des aktiven, der zweite des kontemplativen Lebens [7]. In der Tragödie wie im platonischen Dialog geht es um einander dialektisch entgegengesetzte Grundformen des menschlichen Daseins.

Hinter der Unterscheidung von aktivem und theoretischem Leben verbirgt sich ein tieferer Gegensatz. Zur Erfassung seines Sinnes kann ein Vergleich mit der spielerischen Dialektik im *Hippias Minor* verhelfen. Wissen, so gibt Platon uns hier zu verstehen, ist untrennbar von allgemeiner Trefflichkeit. Infolgedessen muß Odysseus, der gescheiter ist als Achill, als der Bessere von den zweien anerkannt werden. Sophokles aber hatte den Mann der Tat über den Meister der Zunge gestellt, und so mag es scheinen, als ob Platon die Wertordnung des Tagödiendichters umkehren wollte. Tatsächlich aber bestätigt er sie in einer seltsam verwandelten Form. Für »Zunge« setzt er nämlich »Wort« (λόγος), aus »Gescheitheit« macht er »Weisheit«. So führt er uns im *Hippias Minor* eine doppelgleisige Beweisführung vor: das begrifflich zum Ausdruck gebrachte Argument wird durch die dramatische Konfiguration ironisch widerlegt. Es zeigt sich, daß beide, Achill sowohl wie Odysseus, es in ihren Worten an Folgerichtigkeit fehlen lassen. Bei Odysseus aber beruht dies Verhalten auf Wissen und Vorsatz, und daraus wird die paradoxe Folgerung gezogen, Odysseus sei der bessere Mann. Doch gleichzeitig wird angedeutet, daß Sokrates der bessere der beiden Gesprächsführer, der wahre Achill ist, der Mann, der, mit den Worten der *Apologie*, dem Tod den Vorzug gegenüber einem ruhmlosen Leben gibt [8], der Krieger, dessen Mannestat im *Symposion* dem Gedächtnis nach-

---

[7] *Gorgias* 485 E. Vgl. W. H. Roscher, *Lexikon der Mythologie*, Leipzig I 1 (1884—90), 310—11. William H. Thompson weist in seiner Ausgabe des *Gorgias* (London 1894) in bezug auf *Gorg.* 464 D Spuren von Bühnenterminologie nach. Vgl. jetzt die kommentierte Ausgabe von E. R. Dodds, Oxford 1959, 275—76.

[8] *Apologie* 28 CD. Niemand wird die geringschätzige Bemerkung über Achill im *Hippias Minor* als den unverhohlenen Ausdruck von Platons eigener Meinung verstehen wol-

folgender Generationen aufbewahrt wird, während umgekehrt das Porträt des Hippias als ein satirischer Kommentar zu der sprichwörtlichen Findigkeit (πολυμηχανία) des Odysseus gemeint ist [9]. Die unmittelbare Absicht dieser sinnvollen Zweideutigkeit besteht darin, zu zeigen, daß die homerische Polarität von Achill und Odysseus, oder auch von Achill und Nestor, die Polarität des Wissenden und des Täters, einer Revision bedarf. Aber dies literarische Spiel hat einen sublimen Hintersinn. Platons eigene Verwendung des Mythos wird abgegrenzt gegen seine modernisierende Fassung bei den Sophisten. Dem Kallikles, einem den Sophisten nahestehenden Politiker, ist es vorbehalten, im *Gorgias* den aktiven Zethos dem kontemplativen Amphion entgegenzustellen. In ähnlicher Weise setzt Hippias Achill als den besten Mann in Gegensatz zu Nestor als dem weisesten (*Hipp. Min.* 364 C). Wie sich im erstgenannten Fall Sokrates als der Mann zeigt, der Zethos und Amphion, den wahren Politiker und den wahren Denker, in sich vereint, so wird im zweiten Fall die Einheit von Tugend und Weisheit anschaulich gemacht. Platon verwirft die sophistische Dichotomie von praktischem und theoretischem Leben, um zu einem Antagonismus zurückzukehren, der dem in der Tragödie dargestellten verwandt ist. Der Eine und in sich Einfache, fest verankert in einem göttlichen Grund, stellt sich den vielgestaltigen Verkörperungen des fluktuierenden Lebens entgegen. Wie Aischylos, so entdeckt auch Platon im Mythos die Vorwegnahme seiner polaren Schau; und für den Tragöden wie für den Philosophen wird der Umsturz titanischer Gesetzlosigkeit durch Zeus, den Herren des Zeitalters der Weisheit und der Gerechtigkeit, zum Grundzug seines Symbolismus [10]. Es liegt eine Wahrheit in der Behauptung Hegels, der tragische Charakter sei sowohl ein Individuum wie auch eine sittliche Macht, aber so, daß die beiden zu einer unauflöslichen Einheit verschmolzen sind [11].

---

len. Dürfen wir vielleicht die Zitierung der berühmten homerischen Zeile über Achills Rückkehr nach Phthia (370 C) als einen ironischen Verweis auf *Kriton* 44 B lesen?

9) Es finden sich noch andere Stellen in den Dialogen Platons, wo Odysseus und Nestor in eine unrühmliche Verbindung mit den Sophisten gebracht werden. Im *Phaidros* (261 B) wird die Rhetorik des Gorgias, des Thrasymachos und des Theodoros ironisch auf diese beiden heroischen Gestalten als ihre Gründer zurückgeführt; und im *Hippias Maior* (286 B) erlaubt sich der ruhmredige Sophist, seine eigene Weisheit dem Nestor in den Mund zu legen.

10) Vgl. u. S. 266–67. — Man erinnere sich der humoristischen Bemerkung über den Titanen Typhon im *Phaidros* (230 A), der Gigantenschlacht im *Sophistes* (246 A), des Hinweises auf das »titanische Leben« in den *Gesetzen* (Nomoi III 701 C), des Kampfes auf Leben und Tod, den das legendäre Athen gegen Atlantis im *Timaios* und *Kritias* führt, und schließlich des verwandten Symbols von Wolf und Hund in *Soph.* 231 A, *Politeia* II 375 A. VIII 565 D, *Phaidros* 241 D. Vgl. F. M. Cornford, *Plato's Theory of Knowledge*, London 1935, 182.

11) Hegel, *Vorlesungen über die Ästhetik*, Sämtl. Werke, XIV, Stuttgart ²1939, 528.

In diesem Sinn dürfen wir Sokrates als einen Verwandten der Helden bei Aischylos und Sophokles ansehen. Er ist in Wahrheit Einer, unerschüttert inmitten von Kriegsgefahr und angesichts des Todes, allezeit »dasselbe über dasselbe« aussagend, und dabei verbirgt er die diamantene Härte seines Geistes hinter der Maske des Zweifels und der Verlegenheit [12]. So zeigt er sich in den Dialogen als Schöpfung des tragischen Dichters Platon — der Achill des neuen Zeitalters, aber auch ein Sproß aus dem Geschlecht der tragischen Seher, ein »Erwecker« und ein »Sporn« wie Teiresias, der die Seelen des Ödipus und des Kreon aus ihrer schicksalhaften Betäubtheit aufstörte [13]. Zugleich aber gibt er uns die Vorstellung von »Platon, dem Verfasser von Mimen, der Sokrates der Rolle des *eiron* einpaßt« [14].

III. Platon, Feind und Nachfolger der Tragiker

Der Leser mag sich versucht fühlen, diese Anhäufung von Zeugnissen mit der Bemerkung zu unterbrechen, daß unsere Beweisführung in offenem Widerspruch zu Platons eigener Ansicht in dieser Sache steht. Wir suchen Keime platonischer Weisheit in der Tragödie zu finden. Platon aber spottete über alle, die glaubten, man könne irgendwelche Weisheit in der Tragödie entdecken [15]. Diese Erinnerung hetzt eine ganze Meute von verwandten Einwänden auf uns. Jedermann kennt Platons beißende Kritik der Dichtung, und dies Thema seiner Erziehungslehre, durch kompromißlose Strenge bestürzend für die Freunde der Kunst, ist unzählige Male geprüft und kommentiert worden, insbesondere von Kritikern unserer eigenen Zeit. Ich will nicht versuchen, die wohlbekannte Geschichte wiederzuerzählen oder eine neue Fassung vorzuschlagen. Aber es ist bemerkenswert, daß sich die gegen das Volk der Dichter und Nachahmer im allgemeinen gezielten Angriffe mit ihrer schärfsten Wucht gegen den Tragiker richten. Beim Urteil der Verbannung aus der Besten Stadt wird er ausdrücklich namhaft gemacht [16]; und wenn Platon die großen Dichter und Gesetzgeber unter die wahren Freunde der Weisheit einreiht, finden wir die Namen des Homer, Hesiod und Solon, während Aischylos und Sophokles unerwähnt bleiben [17]. Das Urteil, gemünzt auf jene Nachahmungen, welche in »dreifachem Abstand von dem Vorbilde entfernt sind«, trifft das Werk des

---

12) Vgl. *Hippias Minor* 376 C.
13) Vgl. Erwin Wolff, *Platons Apologie*, Berlin 1929, 81—84.
14) F. M. Cornford, *The Origin of Attic Comedy*, ed. by Th. H. Gaster, New York 1961, 142.
15) *Politeia* VIII 568 A.
16) *Nomoi* VII 817 AB.
17) *Symposion* 209 CD; *Phaidros* 278 C.

Tragikers mit doppelter Verdammung. Abgesehen von seiner Entfernung von der Wahrheit ist es mimetisch in dem besonderen Sinn, der die dramatische Darstellung von dem Bericht unterscheidet [18]. Es zwingt den Schauspieler, eine ihm fremde Haltung anzunehmen und geborgte Worte zu sprechen, wodurch er sich einer Persönlichkeitsspaltung aussetzt. Und doch sollte es das Ziel der Bemühung eines jeden sein, wahrhaft Einer zu werden. Aber mehr noch: der tragische Schauspieler wird gezwungen, unheilige Taten nachzuahmen wie z. B. die Blutschande des Ödipus [19]. Nachahmung aber ist die Art, in welcher ein menschliches Wesen am Gut-Sein oder an seinem Gegenteile partizipiert. Die fehlerhaften Begriffe von Göttern, Halbgöttern und Heroen sind allen Dichtern gemeinsam. Aber diese Irrtümer beleidigen am tiefsten in *dem* Dichter, der andere dazu veranlaßt, diesen verleumderischen Irrtümern durch Gestik und Rede den Anschein der Wirklichkeit zu geben. Überdies steht der Tragiker, der Gefolgsmann einer »verweichlichten Muse« [20], unter der Anklage, er zeige uns Helden, die sich in wortreichen Klagen ergehen. Die Hörer, bewegt durch mitfühlendes Leid, respondieren mit einer verwandten emotionalen Entladung. Dabei vergessen sie die Selbstbeherrschung, welche der Anstand den Wohlerzogenen vorschreibt [21]. Dieser letzte Einwand kommt einer Verneinung des Wesens der Tragödie gleich. Tragische Klage und tragisches Leiden sind genauso unzertrennlich voneinander wie überhaupt Erregung und Ausdrucksbewegung. Durch Verwerfung des einen Gliedes wird unweigerlich auch der Partner betroffen.

Nach der wohldurchdachten Bemerkung des Aristoteles ist tragisches Leiden das Leiden eines Menschen, dessen Schuld geringfügig ist im Vergleich zu der Schwere seiner Heimsuchung. Dieses beunruhigende Mißverhältnis, vor dem die Vernunft ratlos steht, ist im Denken des Tragikers verknüpft mit dem Gedanken einer göttlichen Verursachung oder Mitverursachung. Der Mensch findet sich gefangen in einem Netz, in welchem eigene Wahl, schicksalhafte Notwendigkeit und göttliche Anstiftung miteinander verwoben sind, und keine Unterscheidungskunst vermag diese Fäden zu trennen. Aber eine solche Lebensansicht ist unverträglich mit zwei von Platon verfochtenen Grundüberzeugungen. Zunächst ist es Blasphemie, der Gottheit irgendein Maß von Verursachung des Übels zuzuschreiben. Sodann ist das Mißverhältnis zwischen Verdienst oder Glück auf der einen, Unglück auf der anderen Seite ein bloßer Schein. Glücklich-Sein und Gut-Sein sind im letzten Grund eines. Deswegen ist es ein Ärgernis, mit

---

18) *Politeia* III 394 B—395 B.
19) *Nomoi* VIII 838 C.
20) *Nomoi* VII 817 D.
21) *Politeia* X 605 CD.

Aischylos zu behaupten, daß Gott den Sterblichen schuldig werden läßt, weil er beschlossen hat, ihn und sein Haus zu verderben [22]. Letzten Endes ist die Unwissenheit des Tragikers verantwortlich für die Mängel seiner Schöpfungen. Die Unzulänglichkeit seines Urteils in eigener Sache verrät sich schon in der Einseitigkeit seines Werks. Er versteift sich auf die Darstellung vermeintlich vornehmer Charaktere und überläßt es dem Komödiendichter, gemeine und verächtliche Individuen zu porträtieren. In der medizinischen Wissenschaft versteht sich der wohlausgebildete Arzt auf Gesundheit wie auch auf Krankheit, und so in jeglicher Kunst: das Wissen von einem besonderen Guten impliziert das Wissen von dessen Gegenteil (μία δύναμις τῶν ἐναντίων). Das Fragmentarische tragischer Kunst läßt uns an ihrer Solidität zweifeln. Besäße sie echte Einsicht in das Wesen menschlichen Adels, dann müßte sie eins sein mit der Kunst des Komödiendichters [23]. Tatsächlich aber ist sie außerstande, ein getreues Bild von der »Tragödie und Komödie des Lebens« zu geben [24].

Aus all dem scheint sich zu ergeben, daß Platon, sollte er jemals bei den Tragikern in die Lehre gegangen sein, ein höchst undankbarer Schüler gewesen ist. Das Feuer, das nach der bekannten Anekdote seine jugendlichen Versuche in tragischer Dichtung verzehrte, scheint jegliche Zuneigung, die er etwa für die großen Tragiker nährte, vernichtet zu haben. Wenn wir bei einem Überblick über alle ausdrücklichen Bezugnahmen auf die Tragödie in Platons Schriften die polemischen Bemerkungen abziehen, dann bleiben nur wenige übrig, und die meisten von ihnen sind unbedeutend. Unter dem Gesichtspunkt unserer These mag das eine entmutigende Feststellung sein. Das ist umsomehr der Fall, als die bisher angeführten Beweise zwei Einwänden ausgesetzt sind:

1. Sophokles, so läßt sich behaupten, hat wahrscheinlich von Protagoras und Gorgias gelernt. So könnten die Analogien zwischen dem Tragiker und Platon darauf zurückzuführen sein, daß beide der sophistischen Bewegung pflichtig waren.

2. Wie hoch wir auch den dramatischen Charakter von Platons Dialogen veranschlagen mögen, können wir doch nicht den Abgrund übersehen, der das griechische Drama, eine Einheit von Dichtung, religiösem Festspiel und Musikdrama, von Werken der Literatur trennt, wie es die platonischen Dialoge sind. Auch müssen wir zugeben, daß die dialektische Form bei Platon nur in begrenzter Weise dramatisch ist. Das wichtigste Geschehen, das sich innerhalb der platonischen Welt erdenken läßt, der Akt, in welchem, nach Platons eigenen Voraussetzungen, Denken und Leben vollends eins wer-

---

22) *Politeia* II 380 A; Aischylos, *Niobe*, fr. 156 N.².
23) *Politeia* III 395 A; *Symposion* 223 D.
24) *Philebos* 50 B.

den, ist von Platon niemals dramatisch dargestellt worden. Sophokles, der einen Begriff von diesem Akt hatte, nannte ihn »Bekehrung«, μεταγνῶναι [25] — ein Ausdruck, der dem μετανοεῖν des Neuen Testaments sprachlich und gedanklich nahesteht; und Platon beschreibt diesen Akt als Umkehrung (στρέφειν oder περιαγωγή) der ganzen Seele vom Dunkel zum Licht [26] oder als die Wahl eines von zwei im Himmel bereitliegenden Lebensmustern [27]. Weder kann diese Unterlassung von seiten Platons zufällig sein, noch sollte sie einem Mangel an künstlerischer Fähigkeit zugeschrieben werden. Vielmehr deutet sie auf den Wesenszug, der das platonische Schriftwerk von allen sonstigen dramatischen oder mimetischen Darstellungen unterscheidet. Platon war nicht daran interessiert, das entscheidende Ereignis, den Wandel des Herzens, zum Schauspiel zu machen. Er wollte ihn vielmehr dadurch hervorbringen, daß er im Geiste des Lesers einen dialektischen Prozeß in Gang setzte.

In der Tat sind die platonischen Dialoge durch einen Abgrund von der Tragödie getrennt. Aber da Gegensatz in einer Hinsicht mit Verwandtschaft in anderer zusammengehen kann, lassen sich die eben genannten Argumente durch Gegenargumente parieren. Doch ergeben sich weitere Einwände, dem Anschein nach gewichtiger als die vorigen. Mit der Herausarbeitung von formalen Analogien scheinen wir in den von uns gerügten Fehler verfallen zu sein — wir haben die Tragödie als Medium behandelt, nicht zwar von Ideen orphischen oder pythagoreischen Ursprungs, aber doch von literarischen Formen. Ferner machen die angeführten Analogien, soweit sie über eine bloß formale Entsprechung hinausgehen, das Problem eines zweiten kausalen Faktors akut, der neben der Tragödie oder vielmehr in ihr wirksam wird: des Mythos. Zugegeben, daß der dramatische Antagonismus in den platonischen Dialogen in mehrfacher Hinsicht dem tragischen Konflikt parallel läuft, so bleibt doch eine ganz andere Deutung dieses Sachverhalts möglich. Die antithetische Interpretation der Welt ist älter als die Tragödie, älter wohl auch als alle dichterische Formung. So genügt es nicht zu behaupten, der philosophische Dialektiker nehme den tragischen Kampf wieder auf und forme ihn um. Vielmehr wäre zu sagen, daß beide, Tragödie und Komödie einerseits, der platonische Dialog andererseits, auf verschiedenen Ebenen einen Konflikt zur Darstellung bringen, dessen genetisches Vorbild sich in dem *Agon* des dionysischen *Sacer Ludus*[28] fin-

---

25) Soph., *Philoktet* 1270.
26) *Politeia* VII 518 C. 521 C.
27) *Theaitet* 176 E.
28) Gilbert Murray, *On the Ritual Forms Preserved in Greek Tragedy*, in: Jane E. Harrison, *Themis — A Study of the Social Origins of Greek Religion*, Cambridge 1912 (²1927), 341—363; Jane E. Harrison, *Ancient Art and Ritual*, New York 1913 (²1918); F. M. Cornford, *The Origin of Attic Comedy*, ed. by Th. H. Gaster, New York 1961.

det. Der metaphysische Dualismus, wie er sich in der Geschichte des griechischen Geistes immer wieder zur Geltung bringt, mag seine früheste Form in dem Kampf zwischen Protagonist und Antagonist in den vorgeschichtlichen Frühlingsfeiern gewonnen haben. Obwohl Tragödie und Komödie dieses überkommene mimetische Rohmaterial aufs gründlichste verwandelt und umgestaltet haben, so behielten sie doch die antiphonische Struktur bei. Der Antagonismus zeigt sich in den polaren Begriffen der ionischen Kosmologie, im Dualismus der Pythagoreer und Eleaten [29] und in der sophistischen Dialektik, um schließlich in dem von Platon auf die Bühne gebrachten Kampf zwischen Sokrates und den Sophisten seine höchste Vergeistigung zu erfahren. Die von Platon nach rückwärts zu ziehende genealogische Linie würde danach nicht bei der Tragödie enden.

Angesichts dieser Einwände müssen wir zugeben, daß unsere bisherige Beweisführung noch nicht schlüssig ist. Für sich selbst genommen bleiben die formalen Analogien von zweifelhaftem Zeugniswert. Um sie innerhalb der Grenzen vernünftiger Erwartung beweiskräftig zu machen, müssen wir ihre Aussagen im Licht einer Ansicht lesen, die auf anderem Boden zu gewinnen ist. Die Bedeutung einer Form, und demgemäß auch einer formalen Analogie, hängt von dem Ganzen ab, welches sich in der einzelnen Form manifestiert. Wir müssen fragen, ob eine ursächliche Beziehung zwischen der wesentlichen Bedeutung der Tragödie und dem Sinn des platonischen Schriftwerkes besteht.

Eine kurze Bemerkung über zwei Typen von ursächlicher Beziehung und von Kausalsätzen in der Geschichtsschreibung mag hier verstattet sein. Zunächst mag der Historiker eine Reihe von Einheiten aussondern: A, B, ..., wobei jede Einheit ein Ereignis im weitesten Sinne des Wortes bedeuten soll. Und er mag die Abhängigkeit des B von A feststellen. Dann wieder mag er eine große Zahl solcher Einheiten zu jener umfassenden Konsekutivordnung zusammenfassen, die, sofern sie auf ein Ziel gerichtet ist, Entwicklung heißt. Um zu zeigen, daß B von A verursacht worden ist, muß er beiden Einheiten ihren Ort innerhalb seines Entwicklungsschemas anweisen. Die beiden Typen implizieren sich gegenseitig. Aussagen der ersten Art sind bedeutungsvoll nur in ihrem Zusammenhang. Und eine ausschließliche Verwendung des zweiten Typus bringt den Forscher in Gefahr, das Individuum als Zentrum spontaner Tätigkeit zu vernachlässigen. Der Satz »Platon übernahm das Prometheus-Motiv im *Gorgias* von Aischylos« ist ein Beispiel des ersten Typus. Der zweite Typus mag durch ein Zitat aus Werner Jaegers *Paideia* illustriert werden (das sich übrigens auf unser

---

29) Vgl. W. C. Greene, *Fate, Good and Evil in Pre-Socratic Philosophy*, Harvard Studies in Class. Philol. 47, 1936, 96.

Problem bezieht): »Der Weg von Pindar zu Plato, von der Aristokratie des Blutes zur Aristokratie des Geistes und der Erkenntnis, scheint so nah und notwendig. Doch er führt nur über Aischylos«[30]. In den folgenden Seiten sollen alle irgendwie kenntlichen Spuren der direkten und elementaren Art von Ursächlichkeit sorgfältig geprüft werden. Doch aus naheliegenden Gründen werden wir uns weitgehend auf die komplexe Beweisführung der zweiten Art zu stützen haben.

Im Licht dieser Erklärung kann sich das soeben als Einwand angeführte Argument — der aus der Geschichte des griechischen Rituals und des Mythos genommene Hinweis — als eine Stütze unserer Beweisführung entpuppen und ein skizzenhaftes Rahmenwerk für unsere weitere Analyse zur Verfügung stellen. Die Entwicklung des metaphysischen Antagonismus darf als Achse des Schemas unserer historischen Topologie betrachtet werden. Wir werden auf dieser Linie den Ort erst der Tragödie und dann des platonischen Dialogs einzuzeichnen haben. Dann mag sich ein geistiger Vorgang darstellen: die Vertiefung einer grundlegenden Ansicht, die Reifung eines beherrschenden Gedankens. Die Tragödie könnte eine frühere, der Platonismus eine der darauffolgenden Phasen dieses Prozesses bezeichnen, und wenn das zutrifft, könnte sich die spätere Gestalt als mitgeformt durch die frühere erweisen. Innerhalb dieses umfassenden Bildes würde dann auch der sophistischen Bewegung, dem am schwierigsten zu fassenden Glied der Kette, ihr Platz anzuweisen sein.

In der Härte des platonischen Urteils liegt Anerkennung der Macht der Dichtung. Das ist von der neueren Kritik nachdrücklich vermerkt worden. Man hat auch darauf hingewiesen, daß Platon nicht so sehr die Dichtung als solche als vielmehr bestimmte Formen der Dichtung verdammt — freilich jegliche Art von Wortkunst, die zu seiner Zeit als Dichtung anerkannt wurde. Für Platon hatte der »alte Streit zwischen Dichtung und Philosophie«[31] eine massive und keineswegs nur metaphorische Bedeutung; wollte er doch den traditionellen poetischen *Logos* durch seinen neuartigen dialektischen *Logos* ersetzen. Der Lobpreis des Lebens der Seligen, seien sie Götter oder Menschen, das Hauptthema, das den Dichtern in der platonischen Polis zur Behandlung empfohlen wird, kann richtig nur erstattet werden kraft jener meisterlichen Beherrschung der Sprache in der Zusammenfügung von Worten (ἁρμονία λόγων), die nach der Aussage im *Theaitet* (175 E) allein der philosophisch geschulte Geist zu erringen vermag. Als Feier wahrer Vollkommenheit nimmt die philosophische Rede eine Aufgabe für sich in Anspruch, die zuvor dem Dichter zufiel:[32] die wahre

---

30) Jaeger, a. a. O. 310.
31) *Politeia* X 607 B.
32) *Timaios* 19 D.

Tragödie soll an die Stelle der Bühnentragödie treten. »Wir selbst«, so läßt Platon den Athener in den *Gesetzen* sagen, »sind nach dem Maße unserer Gaben die Autoren einer Tragödie, die zugleich in höchstem Maße schön und gut ist; jedenfalls ist unsere Staatsverfassung als Nachbildung (μίμησις) des schönsten und besten Lebens erdacht und dies, so behaupten wir, ist die wahrste Tragödie« (VII 817 B). Wir wagen es, diese Sätze so wörtlich wie nur möglich zu nehmen. Unter ihrer Anleitung entdecken wir einen Platon, der sich darum bemüht, ein in der Tragödie verkörpertes Gedankenschema auf eine höhere Stufe der Vollkommenheit zu heben.

Das in Frage stehende Schema ist nichts weniger als eine Gesamtansicht des menschlichen Lebens, und offensichtlich war Platon der Meinung, daß das Leben, wie es sich in der Tragödie abspiegelt, nicht das »schönste und beste Leben« sei. Das bedeutet nicht, daß in seiner eignen Ausdeutung dieses großen Themas das Übel ausgeschlossen werden sollte. Unmöglich kann, so lesen wir im *Theaitet* (176 A), das Übel ausgemerzt werden, denn »es muß immer etwas dem Guten Entgegengesetztes bleiben«. Aber es muß ihm der angemessene Platz zugewiesen werden; aus dem göttlichen Bereich ist es verbannt, und nur in der Region, der auch die menschliche Natur angehört, darf es sein Unwesen treiben. So ist die Wiederherstellung des Lebens zu der ihm eigenen Schönheit und Trefflichkeit nicht eine willkürliche Verschönerung. Vielmehr möchte Platon einen von den Tragikern begangenen Irrtum berichtigen. In der Sprache des Mythos ausgedrückt bestand dieser Irrtum darin, daß sie dem Übel einen Sitz unter den Göttern zubilligten.

Tragödie als Wiedergabe des menschlichen Lebens ist vor allem ein Bild menschlichen Glücks und menschlichen Elends und der Ursachen, die das eine wie das andere hervorbringen. Endlose Kontroversen haben sich mit der Natur dieser Ursachen und mit der tragischen Schuld beschäftigt; und idealistische Interpreten meinen, wir sollten die Tragödie als die Rechtfertigung der menschlichen Freiheit verstehen, die sich angesichts einer erbarmungslosen Notwendigkeit behauptet[33]. Die Ergebnislosigkeit dieser Diskussionen warnt uns davor, in der Tragödie intellektuelle Entscheidungen zu suchen, deren Unausweichlichkeit zu ignorieren ein Kennzeichen vorsokratischen Denkens war. Soviel jedoch kann behauptet werden: Die Tragödie nennt im allgemeinen drei Ursachen, den menschlichen Willen, den göttlichen Willen und das Schicksal. Aber weder im Hinblick auf die allgemeine Welteinrichtung noch für den jeweils bestimmten Fall kann das

---

33) Vgl. Max Pohlenz, *Die griechische Tragödie*, Leipzig 1930, 144. Dagegen besonnen abwägend: Kurt von Fritz, *Tragische Schuld und poetische Gerechtigkeit*, in: *Antike und moderne Tragödie*, Berlin 1962, 1—112.

Verhältnis in der Verteilung dieser drei Faktoren mit Sicherheit angegeben werden. In verwirrender Weise überkreuzen und verweben sie sich miteinander. Man denke etwa an den Muttermord des Orestes in der *Oresteia*. Nach qualvollem inneren Kampf gelangt Orest zu seinem Entschluß und vollbringt die Tat — *seine* Tat, »gewollt von meinen Händen«, und doch gleichzeitig »gewollt von den Göttern«, von Apoll nämlich, dem göttlichen Berater (*Choeph.* 436—437). Aber noch ein dritter Partner ist beteiligt: das Schicksal, eine erbarmungslose Notwendigkeit, welche die Sprosse des fluchbeladenen Hauses zu wechselseitigem Mord antreibt. In einigen Fällen ist das Schicksal vorherrschend, in anderen die göttliche Einmischung und dann wieder des Menschen eigene Wahl. Aber keiner dieser drei Faktoren ist je völlig abwesend. So scheint wohl der Freiheit im *Oedipus Rex* nur wenig Spielraum gelassen zu sein. Die vernichtende Wahrheit, die sich schrittweise enthüllt, bezieht sich auf Vergangenes. Getanes kann nicht ungeschehen gemacht werden. Und selbst zur Zeit, als die Tat getan wurde, ward sie in Blindheit, in der Nacht schicksalhafter Unwissenheit vollbracht. Und dennoch tritt der menschliche Wille kraftvoll in Erscheinung. Die Enthüllung der Wahrheit jedenfalls ist des Ödipus eigene Tat, und von ihm selbst gewollt ist die fieberhafte Suche nach dem Urheber des gegenwärtigen Jammers, die damit endet, daß er sich selbst findet. Dann wieder, als die Klytaimnestra des Aischylos alle Schuld an dem Mord ihres Gatten von sich weist, muß selbst der feindliche Chor, der ihr Vorhaltungen macht, zugeben, daß ein Rachegeist (ἀλάστωρ) sich mit ihr in die Verantwortung für das Getane teilt (*Ag.* 1497—1508).

Αἰτία ist Schuld und Ursache in einem. In der Tat erlaubt die Frage nach der moralischen Natur der drei Kausalfaktoren ebensowenig eine klare Antwort wie das Problem ihrer relativen Wirkungskraft. Die griechische Dichtung kennt nicht den massiven Dualismus, der den Gewalten des Lichts die Gewalten der Finsternis entgegenstellt. Der Mensch freilich kann, wie sich erwarten läßt, so oder so handeln, als Schurke oder als Held. Auch die Zweiheit der übermenschlichen Mächte, die Götter einerseits und das Schicksal andererseits, bringt nicht den Gegensatz von Gut und Böse zum Ausdruck. In vielen Fällen ist es unmöglich, die Taten der Olympier von der Macht der Notwendigkeit zu unterscheiden. Das Eingreifen des Schicksals erfüllt die Herzen der Menschen mit Schrecken, aber auch mit Ehrfurcht. In der schicksalhaften Notwendigkeit ist beides enthalten — *Ate*, das zerstörerische Verhängnis, und *Moira*, ein Prinzip der verhältnismäßigen Zuweisung von »Anteilen« und daher zugleich Prinzip einer Ordnung des Gleichgewichts und der Vergeltung. In dieser Eigenschaft ist es umkleidet mit moralischer oder besser noch richterlicher Würde — es verhilft der universalen *lex talionis* zur Wirksamkeit: »Mörderischen

Die wahre Tragödie

Streich wider mörderischen Streich: Laßt den Täter die Tat erdulden!«[34] Wiederum hören wir, daß alles was geschieht, Gutes und Böses, von den Göttern kommt[35]. Wie ist es dann möglich, die Götter von Schuld freizusprechen?

Platon erscheint als der Alexander, der den gordischen Knoten durchhaut. Für ihn ist die Gottheit fleckenlose Vollkommenheit, Quelle des Guten und allein des Guten[36]. Diese Überzeugung kann jedoch nicht ohne jene Notwendigkeit auskommen, welche die eine unerläßliche Bedingung, wenn auch nicht die hinreichende Ursache des Übels ist. Nun ist, nach Platon, diese Notwendigkeit »der Überredung zugänglich«[37]. Vergebens werden wir in seinen Dialogen nach einer ausdrücklichen metaphysischen Erklärung des Ursprungs des Übels suchen. Doch hinsichtlich des moralischen Aspekts der Frage ist seine Position von äußerster Klarheit. Gott hat keinen Anteil an den Verfehlungen des Menschen. Der Mensch allein ist zu tadeln. Das ist die Botschaft von Lachesis, der »Tochter der Notwendigkeit«, die den Seelen im Augenblick der Wahl des ihnen zusagenden Lebensmusters feierlich verkündigt wird: »Die Verantwortung (αἰτία) liegt bei dem Wählenden. Gott ist schuldlos«[38]. In ähnlicher Weise trägt der Demiurg im *Timaios* bei der Erschaffung des unsterblichen Teiles der menschlichen Seele dafür Sorge, jedem einzelnen die gleiche Lebenschance zu gewähren, »auf daß ihn keine Schuld treffe an der künftigen Verderbtheit irgend eines von ihnen« (42 D).

In metaphysischer Hinsicht führt diese kompromißlose Haltung zu weittragenden Folgerungen. Da die Welt von dem Guten regiert wird, muß ein allgemeines Gleichgewicht bestehen von Verdienst und Lohn oder von moralischer Würdigkeit und Glück. Dieser Glaube ist kategorisch gefordert für die Wiederherstellung der Harmonie in der von Platon revolutionierten moralischen Welt. Keine Ausflucht und keine Entschuldigung bleibt dem Handelnden, der seiner vollen Verantwortlichkeit ausweichen möchte — kein allmächtiges Schicksal, kein unerbittlicher Fluch, keine *Ate*. Er muß seiner Schuld ins Angesicht blicken und sie als die seine anerkennen. Dafür wächst ihm aber auch neuartiger Gewinn zu. Seine guten Taten werden in unübertrefflicher Nachdrücklichkeit sein Eigentum, und weder Zufall noch Fatalität dürfen ihm die Früchte seiner Tugend streitig machen. Er wird ein Leben gewinnen, das er selbst sich gewählt hat.

---

34) Aisch., *Choeph.* 311–12; vgl. *Perser* 813–14; Sophokles, fr. 877 N.²; Platon, *Nomoi* IX 872 DE.
35) Aisch., *Ag.* 1487–88.
36) *Politeia* II 379 B.
37) *Timaios* 48 A.
38) *Politeia* X 617 E.

Der Idee der totalen Verantwortlichkeit, wie auch der einer totalen Vergeltung, widerstreitet die Alltagserfahrung, und Platon muß seiner Anschauung auf gewaltsam scheinende Art Geltung verschaffen. Die gewöhnliche Erfahrung macht uns mit wirksamen Faktoren jenseits menschlicher Entscheidungskraft bekannt — mit der bestimmenden Macht des angeborenen Charakters und der unabänderlichen Umstände. Die tragischen Ideen *Heimarmene, Ate* u. a. gedeihen in dem Halbdunkel, das sich zwischen menschlicher Bewirkung und hinzunehmender Tatsächlichkeit einschiebt. Platon verneint die Existenz dieser Sphäre. Für ihn ist die bezwingende Macht der ›Lebensform‹, die der einzelne darzuleben hat (dieser Begriff von βίος umfaßt zugleich Charakter und Lebensumstände oder Verhaltungsweise und Umwelt), nichts weiter als Schein. Die anscheinend unwiderstehlichen Antriebe zum Tun des Bösen stammen von Irrtümern her, die wir in einer früheren Einkörperung begangen haben. Das Elend des Gerechten, eine mit Riesenlettern in das Buch menschlicher Erinnerung eingetragene Tatsache, erscheint als Tatsache nur innerhalb des engen Horizonts dieses unseres eintägigen Daseins. Die Belohnung wird schließlich folgen, sei es in diesem Leben oder danach. Platons Sicht stößt hier hart mit der in der Tragödie verkörperten Anschauung zusammen. Dieser Konflikt (gleichzeitig ein Konflikt mit dem gesunden Menschenverstand) drängt Platon zu einem neuen Typus von Dichtung, der in Wettbewerb mit der Tragödie und, seiner herrschenden Tendenz nach, in Widerspruch zu ihr tritt. Die Unstimmigkeiten, die sich aus den Zwillingsbegriffen totaler Verantwortlichkeit und totaler Vergeltung ergeben, sind unlösbar, wenn wir Geburt und Tod als die absoluten Grenzen des menschlichen Lebens betrachten. Die pränatale und postmortale Existenz der Seele verbildlicht eine Wahrheit, die unser Verstand nicht zu fassen vermag. Wenn wir den platonischen Mythos von der Seelenwanderung als Dogma verstehen, müssen wir bekennen, daß er das Problem in eine unbekannte Vergangenheit und eine unausdenkliche Zukunft verlegt, statt es zu lösen. Nur wenn wir ihn als Dichtung lesen, d. h. als symbolische Verweisung auf die Wahrheit, nicht als ihre bildliche Verkleidung, wird der Mythos bedeutungsvoll. Platon selbst deutet an, worin der Unterschied zwischen seinem dichterischen Mythos und der Dichtung im gewöhnlichen Sinne des Wortes besteht: »Nicht etwa, daß ich eine niedrige Meinung von Dichtern im allgemeinen hätte«, läßt er Sokrates im *Timaios* (19 D) sagen, »aber jedermann kann sehen, daß ein Nachahmer, welcher Gattung er im übrigen angehören mag, am besten und mit der größten Leichtigkeit *die* Umgebung darstellen wird, in der er selbst aufgezogen wurde«. Nun ist der Philosoph in einer Umgebung herangewachsen, die ganz und gar verschieden ist von der, welche die Einbildungskraft des Dichters genährt hat. Sein Geist ist gereift in der

Berührung mit dem immerwährend Seienden, dessen Ort im obersten Himmel und in der Region jenseits des Himmels zu finden ist, »ein Ort, den noch kein Dichter in würdiger Weise besungen hat noch je besingen wird«. So ist der Philosoph allein befähigt, die neuentdeckte Vollendung des Lebens zu feiern. Hier ist der orphische Gedanke der Seelenwanderung weit mehr als imaginatives Blendwerk, Verdeckung einer Lücke in der Beweisführung. Er hat eine ›perspektivische‹ Bedeutung. Sobald wir uns diesen Gedanken zu eigen gemacht haben, verlieren die Tatsachen, die Platons Einsicht zuwiderlaufen, ihr Gewicht — so vor allem die scheinbare Schicksalsnotwendigkeit, die jedenfalls für gewisse Taten verantwortlich gemacht werden kann, und das scheinbare Elend einer wenn auch nur begrenzten Zahl von solchen, die ein besseres Los verdient hätten als sie wirklich traf. Hineingestellt in einen unendlich erweiterten zeitlichen Horizont, schrumpfen diese Tatsachen zusammen und zeigen sich als illusorisch. Die Tragödie wie auch die Dichtung im allgemeinen nimmt die Angelegenheiten dieses unseres von Geburt und Tod eng umgrenzten Lebens sehr ernst. Die platonische Dichtung hingegen ist getragen von der Überzeugung, daß »keine menschliche Angelegenheit wert ist, sehr ernst genommen zu werden«[39]. Die Täuschung, die uns dazu bringt, tragisch zu deklamieren oder das angebliche Mißverhältnis zwischen Verdienst und Glücksgewinn zu beklagen, ist ein Erzeugnis der Perspektive oder des Gesichtspunkts. Die Harmonie von Gerechtigkeit und Glück, symbolisch dargestellt in dem orphisch-platonischen Mythos, ist sichtbar nur den Augen des Gerechten. Er allein besitzt den geeigneten Maßstab, um wahre Lust und wahren Schmerz zu unterscheiden und beide ihrem Werte gemäß einzustufen[40].

Die hier vertretene Behauptung besagt nicht nur, Platons Philosophie sei untragisch, weil sie die Wirklichkeit des tragischen Ereignisses leugnet — nein, sie ist anti-tragisch, ein bewußter Gegenzug zu *der* Lebensphilosophie, die sich in der Tragödie ausspricht. Ferner wird behauptet, daß diese antithetische Beziehung ebenso markant ist wie etwa der Gegensatz von Platons Idealismus zu der von den Atomisten vertretenen mechanistischen Interpretation der Welt, und schließlich, daß dieser letztere Antagonismus kaum einen bedeutungsvolleren Wesenszug darstellt als die hier erörterte Antithetik. Aristoteles glaubt, das Unglück soll über den tragischen Helden nicht infolge von Laster oder Schlechtigkeit kommen, sondern durch ein Versagen oder einen Fehltritt (ἁμαρτία), wie er einem Menschen unterlaufen mag, der weder hervorragend tugendhaft noch besonders böse ist[41]. Dem liegt die Beobachtung zugrunde, daß ein Mißverhältnis besteht zwischen

---

39) *Politeia* X 604 B; *Nomoi* VII 803 B.
40) *Nomoi* II 663 B. 41) Aristoteles, *Poetik* 1453 a 7—10.

Ursache und Wirkung, zwischen Schuld und nachfolgender Katastrophe. Mit dieser vorsichtigen Beschränkung ausgesprochen, wird die Bemerkung von allen uns erhaltenen Tragödien bestätigt. Der rebellische Trotz des Prometheus, die zornmütige Ungeduld des Ödipus, der hochfahrende Stolz des Ajas — alle Mängel und Irrtümer dieser Art werden bei weitem überwogen durch das Unheil, welches sie heraufbeschwören. In anderen Fällen ist es schwer, irgendeine Schuld zu entdecken. Die Tragödie will keineswegs das von Platon geforderte gerechte Gleichgewicht von Glück und Verdienst, Elend und Schuld zur Anschauung bringen, und sie kann nichts dergleichen wollen. Ihr Sinn läßt sich nicht in eine moralische Rechnung auflösen. Die letzten Worte des *Prometheus* wecken ein Echo, das in der gesamten griechischen Tragödie widerhallt: »Seht, welche Leiden ich unverdient erdulde!« Es ist wesentlich für den tragischen Helden, in der unüberwindlichen Dunkelheit, in die sich die moralische Ordnung hüllt, handeln und leiden zu müssen. Diese Dunkelheit wird von der Mehrzahl der Helden des Aischylos tief und schmerzlich empfunden, während der heiter gefaßte Geist des Sophokles dadurch weniger beunruhigt zu sein scheint. Aber seine fromme Hinnahme des Mysteriums erfüllt uns vielleicht mit einem noch tieferen Sinn für dessen Gegenwart als des Aischylos großes Ringen um Klarheit.

Die gerechte Strafe, die den Übeltäter trifft, erweckt kein tragisches Pathos. Das ist ein von den Tragikern unverbrüchlich beobachtetes Gesetz, und diesem Gesetz gegenüber errichtet Platon seine Antithese. Es gibt nur *ein* wahres Elend — die Ungerechtigkeit. Jeder Übertretung folgt ihre Strafe. Es gibt keine furchtbarere Heimsuchung als die, zu einem Leben der Ungerechtigkeit verdammt zu sein. Demgemäß schildert Platon den kläglichen Zustand dessen, der um der Lust willen der Lust nachjagt — das durch einen lecken Krug symbolisierte Leben: er füllt und leert sich in endloser Folge. Die Lust der Erfüllung und die Qual ihrer Vergeblichkeit erstarren im Krampf einer unauflöslichen Umarmung. Wenn Platon, im *Gorgias* (483 E) und im neunten Buche des *Staates* (IX 571—76 B), den Helden der Verruchtheit unter dem Bild des ungezähmten Löwen oder des von dem Hornissenstachel eines pervertierten Eros in Wahn, Verbrechen und Selbstvernichtung getriebenen Herrschers schildert, umkleidet er ihn mit dem düsteren Glanz gefallener Größe — eine vor ihm in der griechischen Literatur kaum je angeschlagene Note. Die Klytaimnestra des Aischylos und die Medea des Euripides ließen sich etwa als seltene und doch nicht ganz zureichende Parallelen anführen. Aber so fest auch Platon zu den Grundsätzen seiner moralischen Theodizee stand, so war er doch nicht blind für jene perspektivische Täuschung, die uns durch das Schauspiel leidender Unschuld und triumphierenden Verbrechens beunruhigt. Er hegt Zweifel weder an der Unvermeidlichkeit dieser Täuschung noch an ihrer furchtbaren Macht über das menschliche Gemüt. Noch auch ließ er sich von dem Traum einer Menschheit bestechen, der es schließlich gelungen sein möchte, sich zur Klarheit philosophischer Einsicht zu erheben und dadurch das Schreckbild einer das moralische Postulat vernichtenden Welt zu verjagen. So sah er sich genötigt, eine Erfahrung ins Auge zu fassen, die den Dichtern innig vertraut war und der sie in ihrer Weise Sinn abzugewinnen suchten. Indem Platon diesen alten Stein des Anstoßes aufnimmt, verkehrt er von Grund aus das hergebrachte Verfahren. Doch werden wir sehen, daß just seine Opposition gegen die Dichter, insbesondere gegen die Tragiker, ihn in die geistige Nähe seiner Opponenten führt. Gerade im Antagonismus enthüllt sich eine Verwandtschaft. Die letzten Worte der *Antigone,* ähnlich den Abschiedsworten des Prometheus, sprechen von dem ihr angetanen Unrecht:

> Welches Gesetz der Götter brach ich?
> Was soll ich, Arme, zu den Göttern noch
> Aufblicken? Wo mir Hilfe finden? Da ich
> Der Götter inne gottverworfen worden? [42]

Ajas stirbt mit einem Fluch über seine Feinde und einer Anrufung der Rachegeister auf den Lippen. Ödipus besteht auf seiner Unschuld. Was er tat, tat er gegen seinen Willen [43]. Im Gemüt dieser Leidenden gibt es keine Versöhnung. Mit all dem soll jedoch nicht behauptet sein, daß das unlösliche Problem einer moralischen Theodizee in irgendeiner der Tragödien des Aischylos oder Sophokles im Mittelpunkt stünde. Dennoch fehlt es tatsächlich nirgends. Oft ist es nur begleitendes Motiv, Aspekt einer anderen Wahrheit, die von den Tragikern wiederholt und im Einklang mit der griechischen Dichtung überhaupt ausgesprochen wird — der Wahrheit vom Vorwalten des Leides im menschlichen Dasein [44]. Nichtsdestoweniger bleibt die Frage nach Recht und Unrecht unauflöslich verknüpft mit der Bedeutung alles tragischen Tuns und Leidens. Die Tragik zeigt den Menschen im Augenblick, da er von dem Abgrund überwältigender Bedrängnisse verschlungen zu werden droht. Jedoch besteht das Leiden nicht bloß im akuten, durch einen Unglücksfall verursachten Schmerz, noch auch nur in der Verzweiflung eines Menschen, der wegen des Übermaßes von Kummer im Verhältnis zur Freude das Leben nicht mehr für lebenswert erachtet. Tragisches Leiden ist geadelt durch die Angst der sorgenvollen Frage: Stößt

---

42) Sophokles, *Antig.* 921—24 (nach Karl Reinhardt, mit einer geringfügigen Abweichung).
43) Soph., *Oed. Col.* 522.
44) S. H. Butcher, *The Melancholy of the Greeks,* in: *Some Aspects of the Greek Genius,* London ³1904, 133—76; H. Diels, *Der antike Pessimismus,* Berlin 1921; W. Nestle, *Der Pessimismus und seine Überwindung bei den Griechen,* Neue Jahrb. f. d. klass. Altert. 47, 1921, 81 ff.

mir all das rechtens zu? Geschieht doch gewiß nichts gegen den Willen der Götter. Wie aber können sie erlauben, daß eine Ungerechtigkeit geschieht wie die, welche mich zu Boden geworfen hat? In der Tragödie ist beides eins: das unmittelbare, pragmatische Leiden und das ›Leiden am Leiden‹, die akute Qual und die geistige Ratlosigkeit angesichts eines die moralische Ordnung bedrohenden Mißverhältnisses. Ohne ihre metaphysischen Untertöne wäre die wortreiche Klage, so melodisch sie auch tönt, langweilig und abstoßend. Die tragischen Kämpfe müssen im Dunkeln ausgefochten werden — in der tiefen Nacht menschlicher Unwissenheit hinsichtlich der letzten Bedeutung der Dinge, die zu tun, und derer, die zu erdulden sind.

Die Wirklichkeit dieses Leidens kann nicht wegerklärt werden als eine perspektivische Illusion, die sich im Licht tieferer Einsicht auflöst. In der Weisheit fortschreiten heißt vielmehr, zu lernen, diese Wirklichkeit ohne Zucken ins Auge zu fassen. Diese entschlossene Anerkennung der Wirklichkeit des Leidens war es, die den Tragikern den Beifall Nietzsches einbrachte und diesem den Verdacht eingab, die tragische Größe des griechischen Geistes sei durch den Rationalismus des Sokrates vernichtet worden. Aber des Tragikers Lebensansicht ist genausowenig pessimistisch in Schopenhauers und Nietzsches Sinn dieses Wortes wie Sokrates oder Platon als Vertreter eines optimistischen Rationalismus gedeutet werden dürfen. Der Mensch in der Tragödie gewinnt Weisheit durch Leiden. »Belehrt durch Leiden« (πάθει μάθος)[45] ist der sprichwörtliche Ausdruck dieser Überzeugung. Die Schule des Leidens bringt uns das Sich-Fügen in den Willen der Götter bei. Auf dem Niveau des begrifflichen Denkens drückt sich solche Hinnahme in der frommen Überzeugung aus, daß die Götter die Welt in Weisheit und Gerechtigkeit regieren. Denn allen widersprechenden Zeugnissen zum Trotz sind Gerechtigkeit und Notwendigkeit versöhnt in Zeus. In der Affirmation dieses Glaubens erreicht die tragische Einsicht ihre Vollendung. Dabei sollte das »zum Trotz« betont werden. Übel und Leid bleiben, was sie waren. Die verknoteten Fäden der Verursachung sind nicht aufgelöst. Die Widersprüche, die den nach Verstehen und Gerechtigkeit dürstenden Geist beunruhigten, behalten ihre Gültigkeit. So umschließt und versöhnt das schließlich erlangte Wissen das logisch Unbegreifliche. Es ist die Frucht des Leidens. In Begriffen für jedermann läßt es sich nicht ausplaudern. Nur dem enthüllt es sich, der in barer Münze den Preis des Leidens entrichtet hat. Der Hörer aber, der dieses Leiden kraft seiner Einbildung mitfühlt, darf die Frucht des Leidens in seiner Weise mitgenießen. Die Katharsis, die ihm zuteil wird, ist das Gegenstück zu der leidvollen Weisheit, die dem tragischen Helden gewährt wird.

---

45) Aisch., *Ag.* 177. 250—51. 1425. 1619—20; *Eumen.* 521; Soph. *Antig.* 925—28.

Die tragische Weisheit ist eher eine Einweisung in menschliches Leiden als dessen moralische Rechtfertigung oder als der Versuch einer theoretischen Verkleinerung seiner Wirklichkeit. Der *Oedipus Rex* ist in dieser Hinsicht besonders aufschlußreich. Auf der Oberfläche geht es da um einen Kampf zwischen dem unerbittlichen Schicksal und seinem Opfer, das bei all seiner Willensmacht zur Hilflosigkeit verurteilt ist. Das Schicksal hat, wenn das Spiel beginnt, sein Werk bereits getan, und die Fabel ist die fortschreitende Enthüllung seines Spruches. Der Sinn der Aufdeckung der Vergangenheit erschöpft sich jedoch nicht darin, uns mit dem Bewußtsein der Unabänderlichkeit zu erfüllen. Es ist zugleich Zerstörung eines Scheins und Enthüllung einer Wahrheit, ein dämonisches Gegenspiel zwischen den eleatischen Gegensätzen von Scheinen (δοκεῖν) und Sein (εἶναι)[46]. Die Herrlichkeit des Ödipus, des Königs, des Vaters, des Erretters seines Volkes, wie sie sich in der Eröffnungsszene zeigt, enthüllt sich als brüchiger Schein, auf Selbsttäuschung aufgebaut. Mit seinem Zusammenbruch feiert die Wahrheit ihren düsteren Triumph. In den *Hilfeflehenden* des Aischylos (450—51) würde der König gern das qualvolle Vorauswissen des Unheils gegen Unwissen vertauschen. Und doch ist das nur ein Schatten des Gorgonenantlitzes der Wahrheit, das sich im *Oedipus Rex* enthüllt. »Hat es je einen Mann gegeben, der vom Glück mehr erhaschte als seinen Schein und der nicht, nachdem er glücklich schien, wieder herabstürzte?« (1189—92). Um uns den Fortschritt von Enttäuschung zu vernichtendem Wissen vor Augen zu führen, gefällt sich der Dichter in einem tiefsinnigen Spiel mit der Analogie zwischen physischem und geistigem Licht. Als der blinde Seher Teiresias sich auf die Kraft der Wahrheit beruft, entgegnet Ödipus höhnisch, daß es wohl Wahrheit gibt, aber Teiresias sei ihrer unteilhaftig: »Blind bist du an Ohren, Geist und Augen«. In Wirklichkeit aber ist es Ödipus selbst, der »sieht und nicht sieht« (371.413), und als er schließlich zu sehen lernt, da ist er leiblich blind geworden, »ein Sproß der Nacht« wie Teiresias (374, vgl. *Ajas* 394). Der Symbolismus der Parallele und zugleich des Gegensatzes von innerem und geistigem Licht, wie er hier und andernorts von Sophokles, aber auch von Aischylos, Pindar, Parmenides, Empedokles, Epicharm und Gorgias[47] verstanden wird, deutet vorwärts auf Platons Metaphysik des Lichts und zu den platonischen Gedanken von einer »Schau« und einem »Auge« der Seele[48]. Das von dem platonischen Philosophen erschaute Licht — ein Licht, welches die Phantasmagorie vom

---

46) Anzeichen dieser Gegensätzlichkeit bei Aischylos: *Sieben* 592, *Ag.* 787. 840, *Choeph.* 1053—54; vgl. auch Platon, *Politeia* II 361 B.
47) Aischylos, *Choeph.* 854; Pindar,*Nem.* 7, 23; Parmenides, fr. B 4 D.—K.; Empedokles, fr. B 17 D.—K.; Epicharm, fr. B 12 D.—K.; Gorgias, fr. B 11 §13 D.—K. — Vgl. Paul Friedländer, *Platon*, Bd. I *Seinswahrheit und Lebenswirklichkeit*, Berlin ³1964, 13—18.

unverdienten Leiden vertreiben soll — ist das genaue Gegenstück zu der tragischen Erleuchtung, die uns unaussprechliche Tiefen des Leides ausloten läßt. Wenn der tragische Chor im Einklang mit Pindar und den lyrischen Dichtern von Glück als einer kurzlebigen und trügerischen Gabe singt, so tritt Platon solcher Klage mit der Behauptung entgegen, daß jenes vorgebliche Glück in der Tat flüchtig und trügerisch ist — ihm fehlt die Wahrheit. In seinen Ohren ist der Aufschrei der gequälten Kreatur, der den tragischen *threnos* durchzittert, ein »eitler Seufzer«[49], den Hingang von Unwirklichem bejammernd. Im *Phaidon*, der platonischen Anti-Tragödie, wird die wehklagende Xanthippe schleunigst entfernt und Sokrates weist seine klagenden Freunde zurecht. Die Tapferkeit des wahren Helden besteht im Wissen und Unterscheidungsvermögen, das die fürchterlichen Dinge von denen trennt, die keine Furcht verdienen[50]. Die furchtbaren Geschehnisse in der Tragödie werden durch philosophische Einsicht ihrer Furchtbarkeit entkleidet. Proklos gibt Platons Ansicht getreu wieder, wenn er behauptet, daß »weder Krankheit, noch Armut, noch ähnliche Erfahrungen wirkliche Übel sind, sondern allein Schlechtigkeit der Seele, Maßlosigkeit, Feigheit und Laster überhaupt; und wir selbst sind verantwortlich dafür«, daß wir uns dieses Übel zugezogen haben[51]. Die erstaunliche Verneinung der tragischen Möglichkeit im Leben mag den Zeitgenossen als der charakteristische Zug von Platons Philosophie erschienen sein. Zu dieser Vermutung führen uns die Gedenkverse des Aristoteles auf den verstorbenen Meister — Zeilen, die ihn als den feiern, »der allein oder als erster unter Sterblichen mit Klarheit enthüllte, durch eigenes Leben und forschende Gedanken, daß der Mensch gut und glücklich zugleich wird. Nun aber ist es keinem möglich, solches je zu fassen«[52]. Und die Vermutung wird bestätigt durch die Berühmtheit, zu der die platonische Botschaft der Lachesis im Altertum gelangte. Das Wort von der Schuldlosigkeit Gottes findet sich als Inschrift auf einer in Tibur gefundenen Platon-Büste des 1. Jahrhunderts v. Chr.

48) *Politeia* VII 519 B. 533 D; *Symposion* 219 A; 212 A.
49) Euripides, *Phoin.* 1762, zitiert von Platon, *Timaios* 47 B.
50) *Laches* 196 D; *Protag.* 360 D.
51) Proclus, *In Platonis Timaeum Commentaria*, ed. E. Diehl, III (1906) 313, 18—21.
52) Aristoteles, *Fragmenta*, ed. V. Rose (1886), fr. 673. Vgl. Werner Jaeger, *Aristoteles — Grundlegung einer Geschichte seiner Entwicklung*, Berlin 1923, 107—111. Neuerdings hat Konrad Gaiser (*Die Elegie des Aristoteles an Eudemos*, Museum Helveticum 23, 1966, 84—106) versucht, der Deutung dieser Verse dadurch eine neue Wendung zu geben, daß er das νῦν der letzten Verszeile mit »jetzt in diesem Leben« übersetzte. Trotz dem Gewicht seiner Argumente scheint mir das Problem in der Schwebe zu bleiben. So bin ich nach einigem Zögern der Interpretation Jaegers treu geblieben. — Was Aristoteles mit Recht für unmöglich hielt, lockte die Stoiker zu einem erneuten Versuch. War es das großartige, aber nie zugegebene Scheitern dieses Versuches, das

Die wahre Tragödie

In der Tragödie werden Leiden und Furcht durch poetischen Ausdruck von ihrer niederziehenden Schwere befreit. Das tragische Entsetzen durchhallt Chorlied und Dialog. Die Dichter wenden sich an ein der menschlichen Natur eingeborenes Verlangen, zu dem sich die Okeaniden im *Gefesselten Prometheus* mit entwaffnender Offenherzigkeit bekennen. Es verlangt sie sehr, »mitzukosten die Lust«, die sie sich von Ios Bericht über ihre »schmerzensreichen Geschicke« versprechen (631—33). Der Athener, der einer tragischen Aufführung beiwohnte, gab sich dem gleichen Vergnügen hin. Er ließ sich von dem Gefühl durchdringen, daß der mitleidsvolle Schrecken, der sein Gemüt erfüllte, mit dem sympathetischen Erbeben der ganzen Welt zusammenklang. So erleichterten sich ihm seine bedrückenden Ängste. Die Universalität von Entsetzen und Mitgefühl erzeugte jene lustvolle Erleichterung der Seele, die Aristoteles als Katharsis beschrieb [53].

Obgleich Platon die tatsächliche Grundlage der tragischen Furcht verneinte und die von den Dichtern angebotene kathartische Heilung verwarf, unterschätzte er nicht die Macht, welche diese Furcht und die mit ihr verschwisterten Vorstellungen über das menschliche Gemüt ausüben. Überzeugt, daß an der Einsicht (νοῦς) »nur die Götter und eine kleine Anzahl von Menschen teilhaben« [54], konnte er sich nicht mit einer theoretischen Widerlegung des tragischen Begriffs vom Übel begnügen. Als politischer Denker mußte er ein Heilmittel ersinnen, gewissermaßen einen Ersatz für die tragische Katharsis. Diese politische und erzieherische Absicht seiner Philosophie machte ihn zum Rivalen und Nachfolger der Tragiker.

Die tragische Dichtung setzt einen Begriff menschlichen Glücks und menschlichen Elends voraus. Die Macht, die dieser Begriff über das menschliche Gemüt besitzt, beruht darauf, daß er an die Gemütsbewegungen, d. h. an Lust und Schmerz appelliert. Der Begriff des Dichters von Glück bestimmt die Natur der emotionalen Antwort, die ihm von seiten der Hörer zuteil wird. Sie werden sich an den Dingen erfreuen, die dem Dichter erfreulich scheinen, Jammer empfinden über das, was ihm jammervoll dünkt, und sie werden sympathetisch beweinen, worüber er klagt. So nimmt der

---

Seneca zum Tragiker machte? Man denke an die kritische Diatribe, mit der der hl. Augustin dem stoischen Ideal des glücklichen Weisen entgegentrat (*De Civitate Dei* XIX 4).

53) In einem bedeutenden und lehrreichen Aufsatz hat W. Schadewaldt ein neues Verständnis der Katharsis zu erringen versucht (*Furcht und Mitleid?* in: *Hellas und Hesperien* — Gesammelte Schriften, Zürich und Stuttgart 1960, 346—388). Nicht in allen Punkten kann ich Schadewaldt folgen. Mir scheint, daß das »Tragische« bei Aristoteles samt den es umschreibenden Begriffen am besten aus dem Zusammenhang der aristotelischen Lehre, vor allem aber der Ethik verstanden werden kann. Ich denke an das »priamidische Schicksal« und das Licht, welches es auf die Disproportion zwischen Glück und Verdienst wirft (*Nikom. Ethik* I 10, 1100 a 5—9).

54) *Timaios* 51 E.

Dichter die Führung des öffentlichen Fühlens und Denkens in die Hand und steuert es nach seinem Belieben. Er pfuscht in ein Geschäft hinein, das Platon als Hauptaufgabe des philosophischen Gesetzgebers betrachtet. In dem Dialog, der den Gedanken der »wahrsten Tragödie« zur Geltung bringt, lesen wir: »Alles Nachdenken über Gesetze dreht sich fast durchaus um Lust und Unlust sowohl in ihrer öffentlichen wie auch in ihrer privaten Wirklichkeit: dies sind die beiden Quellen, welche die Natur fließen läßt, und derjenige, der aus ihnen am richtigen Ort und zur richtigen Zeit und in richtigem Maße schöpft, der ist glücklich... Der aber, der sich an ihnen in Unwissenheit und Maßlosigkeit ergötzt, ist das Gegenteil davon« (*Nomoi* I 636 DE). Lust und Schmerz sind die ersten Wahrnehmungen der Kinder, und sie sind die Gestalten, »unter denen sich ihnen Tugend und Laster ursprünglich darstellen« (II 653 A). Erziehung ist daher eine Einübung in bezug auf Lust und Schmerz, dazu bestimmt, uns stets zum Haß für das Hassenswerte, zur Liebe für das Liebenswerte zu führen (II 653 BC). Ziel und Vollendung dieses Prozesses besteht in der Kunst, Lust und Schmerz richtig zu bemessen — eine Kunst, die unserer Teilhabe an der Wahrheit entspringt. Der Gewinn solchen Wissens aber ist das Vorrecht weniger, und auch sie kommen erst spät im Leben zu diesem Ziele[55]. So darf der Mensch im allgemeinen als »eine Puppe der Götter« angesehen werden, vorwärts und rückwärts, rechts und links gezogen von den eisernen Drähten seiner Begehrungen und seiner Befürchtungen (I 644 DE). Diesen beigegeben ist ein goldener Draht, das Prinzip von Gesetz und Vernunft. Wie können wir der Wirksamkeit des weichen Materials beistehen, so daß es den Ausschlag gibt gegenüber dem starken und harten?

Es gibt nur eine Art, dieses Problem zu lösen. Wir müssen dafür sorgen, daß die eisernen Drähte in die gleiche Richtung ziehen wie der eine goldene. In unbildlicher Sprache: wir müssen lustvolle Befriedigungen beschaffen, die, obwohl vernunftlos in sich selbst, mit der Vernunft in Einklang stehen. Das Geschäft, das darin besteht, der Seele in nicht-vernünftiger Weise eine vernünftige Ordnung aufzuprägen, und zwar mit Hilfe der Sinnesempfindungen und Gemütsbewegungen, sollte, nach Platons Ansicht, die Achse des politischen Lebens bilden. Diese Tätigkeit wäre in modernen Ausdrücken als eine Vereinigung von religiösem Ritus und Kunst zu beschreiben; und als Kunst betrachtet, umfaßt sie Dichtung, Musik, Tanz und vielleicht auch die mimische Kunst. Sie gliedert sich nach drei Darstellungsformen: Opfer, Gesang und Tanz. Alle drei geben der

---

55) Der vollendete Musiker ist der Philosoph, der in den *Gesetzen* seinen Platz nicht nur im Nächtlichen Rat, sondern auch im Chor der Alten findet (vgl. Glenn R. Morrow, *Plato's Cretan City — A Historical Interpretation of the Laws*, Princeton 1960, 314—16).

Seele eine Ausrichtung auf die göttliche Quelle der Vollendung. Aber der so hergestellte Kontakt ist nicht gleichzusetzen mit jener unmittelbaren und schöpferischen Teilhabe am Sein, welches das ausschließliche Vorrecht philosophischer Schau ist. Jene künstlerisch-sakralen Übungen sind nicht Erfüllung, sondern Vorbereitung oder vielmehr Erziehung (παιδεία), eine Formung und Einfügung des jugendlichen Gemüts in die durch das Gesetz bestimmte Ordnung der Vernunft. Die Seele, begabt mit zarter Empfindsamkeit für den Eindruck von Harmonie und Rhythmus, wird so daran gewöhnt, über *die* Dinge Freude und Schmerz zu empfinden, die sich späterhin der vernünftigen Einsicht als in Wahrheit erfreulich oder schmerzlich erweisen werden. Es bedarf der Inkantationen (ἐπῳδαί, II 659 DE), der zauberhaft beschwörenden Gesänge, die das Gemüt in jene glückliche Verfassung hineinschmeicheln, die es durch die freie Tat vernünftiger Wahl selbst hervorzubringen noch nicht imstande ist.

Hinter dem platonischen Begriff von Erziehung verbirgt sich eine Zweideutigkeit, und Platon veranschaulicht sie mit Hilfe des Wortspiels (παιδεία-παιδιά). Wegen der geringen Zahl derer, die schließlich zu vernünftiger Einsicht gelangen, wird die vorbereitende Ausbildung für die Mehrheit der Bürger Selbstzweck. Erziehung (παιδεία) verwandelt sich zum Spiel (παιδιά). Es ist zweifelhaft, ob die Götter den Menschen »für einen ernsthaften Zweck« bestimmt haben (und das bedeutet für Philosophie), oder ob er vielmehr ihr Spielzeug (παίγνιον) ist (I 644 D). In diesem Ausdruck, so betont Platon, liegt nichts von Verachtung. Ein Spielzeug der Götter zu sein ist, recht betrachtet, das Beste am Menschen. Dem Gesetzgeber aber obliegt es, die Bewegungen der menschlichen Puppen dem von der Vernunft vorgeschriebenen Muster einzupassen. Nur so wird das Schauspiel würdig des göttlichen Spielmeisters (VII 803 C). Damit ist die übliche Meinung über Spiel und Ernst auf den Kopf gestellt. Tanzen und Singen stellen sich nicht mehr als Zeitvertreib dar, als vergnügliche Pause im ernsten Geschäft des Lebens, sondern als das eine, im vollen Ernst zu vollbringende Tun, als Blüte und Erfüllung des Daseins. Platon verdammt die hergebrachten Formen der darstellenden Künste nur, um eine heilige Kunst zum Herzstück seines Besten Staates zu machen [56].

Der Gedanke, den Menschen als ein Spielzeug der Götter anzusehen, war nicht völlig neu in der Geschichte des griechischen Geistes. Theognis etwa stellt die Eitelkeit menschlichen Planens und Strebens — schlimm meinen sie es und wirken unwissend das Gute — in Gegensatz zu der Macht der Götter, »die alles nach ihrem Gefallen ausrichten« [57]. Doch nirgends zeigen

---

56) Vgl. G. M. Sargeaunt, *Man as God's Playfellow*, Hibbert Journal 21 (1922/23) 669—79.
57) Theognis, *Eleg.* 1, 133—42 (ed. Diehl-Young, Leipzig 1961).

sich die Menschen so deutlich als Figuren in der Hand von dämonischen Brettspielern wie in der Tragödie. Die noch nicht zu einem Bühnentrick entartete tragische Ironie gibt dieser Idee dramatischen Ausdruck. Die Ahnungslosigkeit der Klytaimnestra, die dem Apoll ihr verbrecherisches Gebet im selben Augenblick darbringt, als der Rächer Agamemnons, von Apoll gesandt, das strafende Schwert bereit hält; oder das Frohlocken des Chors über die besänftigenden Worte seines Herrn Ajas, der doch in Wirklichkeit zum Sterben fest entschlossen ist — solcher Art sind die vergeblichen Bewegungen der menschlichen Puppe, hin- und hergezerrt von Hoffnung und Furcht, ihre Rolle in Unkenntnis der Fabel durchspielend, ohne Ahnung von Ausgang und Bedeutung. Der *Oedipus Rex* ist ganz durchwaltet von diesem ironischen Spiel. Es hat längst vor Anheben des Bühnenspiels begonnen mit dem Versuch der Eltern, den Orakelspruch zu umgehen, der dem Kind Ödipus das Schicksal des Parrizidiums und des Inzests vorausgesagt hatte. Die Umgehung wird zum Werkzeug der Erfüllung. In der Folge spielt das grausame Licht dieser Ironie um jeden Schritt, den Ödipus tut, ja um sein ganzes Sein. Der Mann, der das Sphinxrätsel gelöst hat — das Rätsel von der Natur des Menschen —, ist in Unwissenheit über sich selbst. Er verflucht den, der das Land durch eine unheilige Tat befleckt hat, und ohne es zu wissen verflucht er sich selbst. Er spottet über des Sehers Blindheit und spottet dabei über sein zukünftiges Selbst. Mit aller Macht sucht er den Maschen des Verdachtes zu entkommen, und je mehr er sich müht, desto fester schließt sich das Netz um ihn zusammen, bis schließlich Iokastes verzweifelter Versuch, die Wahrheit zu verbergen, sie an den Tag bringt. Jedoch für den Tragiker wie für Platon ist der Gedanke von der Marionette nicht das letzte Wort in Sachen der menschlichen Natur. Der tragische Held und der platonische Philosoph — beide können sich schließlich über Zug und Stoß der unbeherrschbaren Mächte erheben. Aber Platon verwirft das Schauspiel, das die menschliche Hilflosigkeit der sympathetischen Schau der Menge preisgibt — ein die Wahrheit verzerrendes Bild. Stattdessen sollte der Staatsmann und Philosoph die vielartigen Drähte aufsammeln und ergreifen, sie dem einen goldenen Draht zuordnen und so bewirken, daß die Bewegungen der Marionette würdig werden eines Mitspielers im göttlichen Schauspiel. Wir alle streben nach Lust und schrecken vor dem Schmerz zurück, und wann immer wir zu wählen haben, ziehen wir unfehlbar ein Leben vor, welches das Höchstmaß an Überschuß von Lust über Schmerz verspricht (*Nomoi* V 733 AB). Aber wenn Lust und Schmerz nicht von wahrer Meinung oder Einsicht geleitet werden, sind sie »törichte Ratgeber« (I 644 C). Verderbt durch die Vorstellungen der Menge über Gut und Böse gelangt der Mensch dazu, das gerechte Leben als Alternative zum lustvollen Leben zu verstehen, so als ob er mit der Wahl des einen das andere preiszugeben hätte. Damit fällt er der schlimmsten Art von Unwissenheit zum Opfer: er muß verabscheuen, was er für gut und edel hält (III 689 A). Nun ist es die Pflicht des Gesetzgebers, den Bürgern die grundlegende Wahrheit einzuflößen, daß das gerechte Leben zugleich das lustvollste ist. Dadurch nur kann es ihm gelingen, den scharfen Zug der Eisendrähte dem sanften des goldenen Fadens anzupassen. Die entgegengesetzte Ansicht aber, welche die Lust von der Gerechtigkeit trennt, heißt »die schmählichste aller Denkweisen« (αἴσχιστος λόγων, II 663 B), und der Herrscher wird »mit den schwersten Strafen jeden im ganzen Lande verfolgen, der es wagen sollte zu äußern, es gäbe schlechte Menschen, die ein vergnügliches Leben führen, oder, das Nützliche und Gewinnreiche sei *eine* Sache, das Gerechte aber eine ganz andere« (II 662 BC).

Das sind bestürzende Behauptungen, selbst dann, wenn wir in Rechnung stellen, daß sie nicht so sehr auf die menschliche Existenz als solche, sondern auf das Leben in einer idealen Gemeinschaft gemünzt sind. Die Tragödie scheint dem Leben, wie wir es zu kennen glauben, viel näher zu sein. Ohne etwa den Triumph des Bösen darzustellen, macht der Tragiker Gebrauch von dem Mißverhältnis zwischen Leiden und Schuld als der eigentlichen Triebfeder tragischer Erregung, und dadurch zieht er sich Platons leidenschaftliche Zurückweisung zu. Gleichzeitig aber läßt das Aufeinanderprallen der Ansichten die Identität des Ausgangspunktes erkennen. Im vorliegenden Zusammenhang betrachtet Platon den Menschen nicht als potentiellen Philosophen, sondern als empfindendes Wesen, dem Ansturm mächtiger Gemütsbewegungen ausgesetzt, als Zuschauer im Theater, auf dessen Sensibilität der Dichter spielt. Der Mensch in dieser Verfassung mag wohl mit einer Marionette verglichen werden; ist er doch auf Gnade und Ungnade jedem ausgeliefert, der es versteht, ihm die erwünschte emotionale Reaktion zu entlocken. Das ist der charakteristische Gemütszustand des Durchschnittsbürgers, mehr aber noch die Verfassung der jungen und unerfahrenen Seele, deren sich der Staatsmann für seine Zwecke bedienen muß. Ihm obliegt es nun, zu zeigen, was er vermag. Sein ist die Aufgabe, das plastische Gemüt zu formen. Er weiß, daß die Wahrheit, die er dem formbaren Stoff aufzuprägen wünscht, zunächst hart klingt und daß sie im Widerspruch zur alltäglichen Erfahrung zu stehen scheint. Aber es bleibt kein anderer Weg zum Heil, weder für den Staat noch für den einzelnen. So wird er keine Mühe sparen, um die rettende Überredungskunst ins Werk zu setzen. Durch Musik und dichterische Sprache wird er den eindrucksfähigen Geist zu bezaubern suchen. Er wird neue Mythen erfinden, die dem, was er zu sagen hat, Farbe und Lebhaftigkeit verleihen. Er wird die Dichter zwingen, das Elend des ungerechten Mannes zu schildern, nicht

minder elend, wenn er an Reichtum mit Kinyras und Midas wetteifert (II 660 E). Mit Macht wird er darauf hinarbeiten, daß die ganze Gemeinschaft hinsichtlich dieses obersten Glaubenssatzes »nur immer zu dem *einen* Wort in all ihren Gesängen und Erzählungen und Gesprächen ihr Leben lang sich bekennt« (II 664 A). Und selbst wenn alldem nicht so wäre, wenn tatsächlich keine vollendete Harmonie zwischen Glück und Verdienst bestände, so müßte er dennoch diesen seinen Satz als die heilsamste aller Lügen aufrecht erhalten — eine Lüge, die bewirkt, daß die Bürger »tun, was recht ist, nicht unter Zwang, sondern freiwillig« (II 663 D E).
Fragen wir, wie wohl die Dichter zu finden sind, die bereit wären, derartige gesetzmäßige Lieder zu verfassen, so verweist uns Platon mit unzweideutigen Worten auf seine eigene literarische Kunst. Es fehlt uns nicht an einem Muster, sagt der Athener, »denn wenn ich die Worte bedenke, die wir miteinander vom Morgengrauen bis jetzt gesprochen haben, ... so scheinen sie mir ganz und gar einem Gedicht zu gleichen« (VII 811 C). Aber die sanfte Stimme der Vernunft ist eintönig. Als dem Sokrates seine sophistischen Gesprächspartner vorwarfen, er rede unaufhörlich »über dasselbe«, erwiderte er witzig: »Nicht nur über dasselbe, sondern dasselbe über dasselbe«[58]. Gleicherweise sind die Sterne, die sichtbaren Götter, die unbeirrbar ihre Kreisbahnen durchwandern, von dem Demiurgen so geschaffen, daß sie in Ewigkeit »dasselbe über dasselbe« denken[59]. Da es jedoch ermüdend wäre, immer dasselbe über dasselbe zu singen, müssen alle möglichen Arten von Abwandlung und Ausschmückung herhalten, um die Wirkung der Eintönigkeit abzuwehren. So können sich die Sänger an ihren Hymnen erfreuen, und Mann und Knabe, Sklave und Freigeborener, beide Geschlechter, die ganze Stadt — sie können unaufhörlich sich bezaubern lassen von der Lehre, die wir durchgesprochen haben (II 665 C). Der Tenor aller Gesänge und Geschichten aber soll sein, »daß das Leben, welches von den Göttern als das glücklichste erachtet wird, zugleich das beste (ἄριστος) ist« (II 664 B, V 742 D). Was Platon meint, wenn er den Anspruch erhebt (VII 817 B), uns die »wahrste Tragödie« (τραγῳδίαν τὴν ἀληθεστάτην) vorzuführen, das verdeutlicht sich im Lichte dieser Versicherungen. Der Autor, für den jede Art von schriftstellerischem Werk bestenfalls ein edles Spiel[60] ist, lädt uns ein, seine eigenen Werke als Dichtung zu lesen, wenn auch als Dichtung besonderer Art. Dem Rate folgend werden wir finden, daß sie vor allem dazu dient, die Einheit von Gut-Sein und Glücklich-Sein durch eine Darstellung des »schönsten und besten Lebens« zu feiern.
Platons neuartige Dichtung ist weder die Frucht einer natürlichen Gabe

---

58) *Gorgias* 490 E; Xenophon, *Mem.* IV 4,6.
59) *Timaios* 40 AB.
60) *Phaidros* 276 D.

Die wahre Tragödie

noch einer unerklärlichen dämonischen Eingebung[61]. Sie wurzelt im Wissen. Da aber ein Wissen von polaren Strukturen immer die beiden Pole oder Gegensätze zusammen umfaßt, wird die wahre Tragödie zugleich die wahre Komödie sein. Mit gleicher Überzeugungskraft stellt sie die Charaktere dar, die besser, wie auch die, die »schlechter sind als der Durchschnitt«[62]. Da es ferner »nur *eine* Form der Tugend, aber unzählige Formen des Lasters gibt«[63], so finden wir unter den platonischen Charakteren nur einen einzigen, der die Statur des tragischen Helden erreicht, aber eine buntscheckige Menge von Scheinhelden und Narren.
Eros ist, wie Agathon im *Symposion* (196 D E) versichert, sowohl selbst wahrer Dichter wie auch Quelle der Dichtung in anderen. Natürlich denkt Agathon an seine eigenen Tragödien und an die seiner erlauchten Meister. In seiner Unwissenheit über den wahren Eros äußert er eine Wahrheit, die er selbst nicht völlig begreift. Nehmen wir seine Vorstellung von Dichtung an (wozu wir natürlicherweise geneigt sind), werden wir vergeblich über die unbeantwortbare Frage grübeln, ob Platon wirklich die Dichtung verdammt hat. In der Tat hat Platon die Dichtung kaum als ein *eidos* oder eine Wesenheit anerkannt. Die greifbare Basis seiner Erörterung ist die Kunst, »Worte zusammenzuordnen«[64], gleichgültig, ob in Prosa oder Vers, ob der Künstler sich Redner, Gesetzgeber, Dichter oder wie sonst nennt. Allein darauf kommt es an, ob die Worte »echte Kinder« sind, erzeugt in der Berührung der Seele mit den Formen des Gerechten, des Schönen und des Guten. Dann aber verdient der Autor, welche Form des Ausdrucks er immer wählen mag, den Titel eines *philosophos*, eines »Weisheitsliebenden«[65]. Furcht (φόβος), die vorherrschende Gemütsbewegung in der Tragödie, wird auch in Platons mit der Tragödie wetteifernden Schöpfungen mit der ihr gebührenden Aufmerksamkeit bedacht. Die Jugend muß lernen, das wahrhaft Furchtbare angemessen zu fürchten; und für den Athener in den *Gesetzen* bildet die Frage, wie diese Lehre auf rechte Weise zu erteilen ist, den Ausgangspunkt sowohl für seine Kritik der spartanischen Verfassung wie auch für den Entwurf jener neuen idealen Verfassung, die sich aus einer weisen Regelung der Trinkgelage entfaltet. Die Furcht aber, die in der echten Polis gepflegt werden soll, ist nicht das blinde Entsetzen vor der Macht schicksalhafter Notwendigkeit — ein Affekt, der paradoxerweise zugleich vernichten und erheben soll; und der Gefährte der Furcht,

---

61) *Apologie* 22 A—C.
62) Aristoteles, *Poetik* 1449 a 32—33.
63) *Politeia* IV 445 C.
64) *Phaidros* 278 C.
65) *Phaidros* 278 D; *Symposion* 209 CD; vgl. W. C. Greene, *Plato's View of Poetry*, Harv. Stud. in Class. Philol. 29, 1918, 1—75, bes. 65.

das Mitleid, scheint überhaupt verbannt zu sein (*Nomoi* XI 936 B). Vielmehr wird in einem erneuerten Gottesdienst Dionysos, der Schutzherr der Tragödie, angerufen — der Sohn des Zeus, der »jene göttliche Furcht erzeugt, die wir Ehrfurcht und Scham genannt haben« (II 671 D)[66]. Henry Thoreau sagte einst von Aischylos und den anderen griechischen Dichtern, sie hätten nicht Bäume bewegen, sondern den Göttern einen Hymnus darbringen sollen, der ihnen ihre alten Begriffe aus ihren Köpfen heraus- und neue hätte hineinsingen können[67]. Ein Hymnus solcher Art wurde von Platon angestimmt.

Tragödie und platonische Philosophie verhalten sich in mancher Hinsicht zueinander wie Thesis und Antithesis. Bislang haben unsere Überlegungen einseitig das antithetische Verhältnis betont. Um das Gleichgewicht wiederherzustellen, werden wir zunächst eine Tendenz in der tragischen Dichtung aufweisen, welche sie nahe an die Platons heranrückt, so nahe, daß wir von einer Selbsttranszendenz der tragischen Dichtung auf die Philosophie hin sprechen dürfen (IV. *Die tragische Theodizee*). Zweitens wird zu zeigen sein, daß Platon die tragische Verstrickung als eine Möglichkeit des menschlichen Lebens sehr viel ernster nahm, als es nach unserer Prüfung des Gedankenganges in den *Gesetzen* den Anschein hat (V. *Das philosophische Drama*).

IV. Die tragische Theodizee

Unter den von Platon zurückgewiesenen tragischen Begriffen ragen zwei von entscheidender Bedeutung hervor: der Begriff des Schicksals und der des Neides oder der Eifersucht (φθόνος) der Götter. Der erste der beiden, das als irrationale Macht verstandene Schicksal, vor dem selbst die Götter sich beugen müssen, ist offenbar unverträglich mit dem Geiste der platonischen Philosophie. Nur soweit der Gedanke des Schicksals den der Sühnung in sich begriff, konnte er von den Philosophen gefügig gemacht und dem System der Strafen in den *Gesetzen* eingegliedert werden. Die Geschichte von den »Vergeltungen des Himmels«, wie sie von den Priestern der Vorzeit überliefert wird — wir mögen uns etwa des fluchbeladenen Hauses der Atriden erinnern — soll wiedererzählt werden, zur Abschreckung dessen, der sich etwa »infolge eines Verhängnisses (ἀθλία συμφορά) versucht fühlen sollte, sich an seinem Vater, seiner Mutter, seinen Brüdern oder Kindern zu vergreifen«

---

[66] Vgl. zu φόβος *Nomoi* I 644 CD, III 699 C, 701 AB; zu Dionysos II 672 A.
[67] Zitiert nach R. W. Emerson, *Thoreau*, in: The Works of R. W. Emerson, New York (o. J) III, 396.

(*Nomoi* IX 872 E—873 A). Ferner kann das Schicksal im Bunde mit Nemesis auftreten und dann jenem allgemeinen Gesetz Geltung verschaffen, nach welchem jede Störung des ›Gleichgewichts der Mächte‹ in der Welt durch eine entsprechende Gegenbewegung kompensiert werden muß. So schließt sich der Begriff des Schicksals an eins der großen, seit Anaximander in der ionischen Kosmologie einheimischen und von der Medizin adoptierten Prinzipien an; und der gleiche Begriff von Störung und Wiederherstellung des Gleichgewichts kehrt bei Platon wieder, besonders in seiner Theorie von den Krankheiten des Leibes [68].

In der Tragödie finden sich Spuren des Glaubens an eine »göttliche Eifersucht«. Wir denken an den Agamemnon des Aischylos, der seine Sandalen ablegt, bevor er den vor ihm ausgebreiteten Purpurteppich betritt, »damit kein Gott von fern her mit neidischem Auge auf mich blickt« (*Ag.* 946), oder an die Anrufung des Gottes Phthonos im *Philoktet* des Sophokles (776). Für ein fortgeschrittenes religiöses Bewußtsein ist dieser Begriff ein Ärgernis, und es versteht sich, daß Platon ihn nicht dulden konnte. Der Demiurg im *Timaios* sorgt wohl dafür, daß die Verschiedenheit zwischen Gott und Mensch gewahrt bleibt (41 C). Doch die lakonische Aussage über die Natur des »Vaters aller Dinge« enthält eine ausdrückliche Verneinung jenes alten Glaubens. »Da er frei ist von Eifersucht«, so wünschte der Vater alles Geschaffenen, daß »alle Dinge ihm selbst so ähnlich wie möglich sein sollten« (29 E).

»Neid hat keinen Platz im Reigen der Götter«, heißt es im *Phaidros* [69]. Nun ist die rohe Vorstellung eines Wettbewerbes zwischen Göttern und sterblichen Wesen auch von den Tragikern nicht gebilligt worden. »Mit einsamer Stimme« verwirft Aischylos den Glauben, Wohlstand ziehe notwendigerweise Unheil auf sich [70]. Der moralische Kosmos des Aischylos dreht sich vielmehr um Nemesis, einen Begriff, der die Mitte hält zwischen der urtümlichen Vorstellung von neidischen Dämonen und dem sublimen Gedanken einer allmächtigen Gerechtigkeit [71]. Der Schicksalsfluch, der einen einzelnen oder auch ein ganzes Haus belastet, trifft den Menschen als Folge seiner eigenen frechen Taten und seines hochfahrenden Stolzes. »Die Götter hassen von Grund aus Schamlosigkeit« [72], und ihre Eifersucht greift ein als Exekutivorgan im Dienste der allumfassenden Ordnung. »Der Wohlstand (κόρος) erzeugt gern Schamlosigkeit (ὕβρις) und Gottlosigkeit

---

68) *Timaios* 82 A.
69) *Phaidros* 247 A. Im gleichen Sinn schreibt Aristoteles: »Das Göttliche kann nicht neidisch sein, aber, wie das Sprichwort sagt, ›die Dichter erzählen viele Lügen‹« (*Metaph.* A 2, 983 a 2—4).
70) *Agam.* 750—71.
71) E. Tournier, *Némésis et la Jalousie des Dieux*, Paris 1863, 62—73.
72) *Hiketiden* 80.

(δυσσέβεια), und wer diesen Versuchungen erliegt, wird von einem Wahn (ἄτη) ergriffen, der ihn ins Unheil reißt»[73]. Auch hier noch der Gedanke einer von Gott stammenden Betörung — für Platon eine anstößige Vorstellung. Aber das Forschen und Denken des Tragikers strebt deutlich dem Begriff einer von göttlicher Weisheit regierten Welt zu. Ein in strenger Übereinstimmung mit dieser Tendenz komponiertes Spiel (eine klare Annäherung daran sind die *Perser*) würde nach aristotelischen Maßstäben den Erfordernissen einer guten tragischen Fabel nicht genügen. Da sich die Katastrophe am Schluß als gerechte Strafe darstellen würde, könnte sie kein tragisches Mitleid erwecken. Aber eben dieser Mangel könnte es zur Zulassung in den platonischen Staat empfehlen.

Das Denken des Aischylos bewegt sich noch weiter vor in Richtung auf Platon. Anscheinend gehört es zum Begriff der aischyleischen Trilogie, daß sie anhebt in einer Welt, die durch einen für moralische Begriffe unfaßbaren Konflikt zerrissen ist; daß sie sich dann aber zu einer Schau erhebt, welche den Lauf der Dinge mit den moralischen Forderungen versöhnt. Für unser Verlangen nach einer gerechten und sinnvollen Weltordnung muß der *Gefesselte Prometheus*, für sich selbst genommen, beunruhigend oder gar empörend wirken. Die Sympathie des Dichters gehört ganz und gar dem Leidenden. Selbst sein Feind Zeus ist dem Prometheus Dank schuldig. Er hat der Menschheit das Leben gerettet, durch seine Gaben hat er ihr Leben erst wahrhaft menschlich gemacht, und all das tat er unter Gefahr für sich selbst. Demgegenüber erscheint Zeus als grausam, zornmütig und rachedurstig. Seine Entschlüsse stammen zum großen Teil aus reizbarer Sorge für die Sicherheit seines Thrones. Dennoch ist Zeus der Herr der Gerechtigkeit, der über die »Zusammenstimmung der Dinge« (Διὸς ἁρμονία) wacht (*Prom.* 550—51), und die Schuld des Prometheus wird nicht einmal von ihm selbst oder den mitfühlenden Meerjungfrauen in Frage gestellt. Hier nimmt der Begriff der Schuld die rätselhafte Gestalt an, welche später zu jenen Spekulationen über eine schuldlose Schuld ermutigte, wie sie im idealistischen Lager gepflegt wurden.

Aischylos selbst lebte nicht in Frieden mit den ihn konfrontierenden Antinomien, sondern strebte nach einer für die Vernunft annehmbaren Auflösung. In der *Prometheia* wie auch in der *Oresteia* beschäftigte er sich mit der Erbfolge von zwei göttlichen Dynastien, denen zwei aufeinanderfolgende Phasen der Weltentwicklung entsprachen[74]. Der jugendliche König muß seine Herrschaft sowohl gegenüber dem alten König und dessen

---

[73] Cyril Bailey, *Fate, Men and Gods*, Class. Assoc. Proc. 32, 1935, 13; K. F. Nägelsbach, *Die nachhomerische Theologie des griechischen Volksglaubens*, Nürnberg 1857, 46—94.

[74] A. O. Lovejoy u. George Boas, *Primitivism and Related Ideas in Antiquity*, Balti-

Die wahre Tragödie

Anhängerschaft wie auch gegen einen möglichen Usurpator verteidigen. In der *Oresteia* sind die alten Götter vertreten durch die Eumeniden, in der *Prometheia* durch Kronos und die Titanen. Prometheus, selbst ein Titan, gehört seiner Herkunft nach der zum Untergang verurteilten Welt urtümlicher Gesetzlosigkeit an. Aber der Zeus, der im *Solutus* den Prometheus befreit und versöhnt, ist nicht mehr der Zeus des *Vinctus*. Der Zeitraum der inzwischen verflossenen dreißigtausend Jahre hat ihn gereift. Belehrt durch Leiden hat er sich Mäßigung und Mitleid erworben. Und Prometheus seinerseits hat das Gesetz über ihm anzunehmen gelernt. Sein Leiden war nicht vergeblich. So werden schließlich die dramatischen zusammen mit den logischen Spannungen aufgelöst. Wäre uns die ganze Trilogie überliefert, könnten wir vielleicht dem Wachstum des obersten Gottes beiwohnen. Vor unseren eigenen Augen hätte Zeus, befreit von seinen tragischen Irrtümern und Verstrickungen, sich zur Höhe des »gütigen Vaters« des *Timaios* erhoben — zur Würde des Königs der Gesetzesherrschaft, dem der ihm im *Kritias* (121 B) verliehene Titel zukommt: Θεὸς δὲ ὁ θεῶν Ζεὺς ἐν νόμοις βασιλεύων.

Noch einmal müssen wir zu den Problemen des *Gefesselten Prometheus* zurückkehren. In unserem Zusammenhang dient die hypothetische Interpretation der *Prometheia* nur dazu, Gedanken anzudeuten, die sich in der *Oresteia* klar abzeichnen. Der Parallelismus zwischen diesem Meisterwerk der alten tragischen Kunst und dem unvollendeten Triptychon, dessen Seitenstück wir im *Timaios* besitzen, ist von F. M. Cornford aufgewiesen worden [75]. Der entscheidende Absatz seiner Beweisführung mag hier mit seinen eigenen Worten (a. a. O. 362—63) in deutscher Übersetzung wiedergegeben werden:

»Die beiden ersten Teile der Trilogie des Aischylos, der *Agamemnon* und die *Choephoren*, entfalten das Bild einer von unversöhnlichen Konflikten zerrissenen Welt. Der von dem Chor sehnsüchtig angerufene Zeus — der König von höchster Macht, höchster Weisheit und Gerechtigkeit — erscheint als eine ferne Vision, die kein Licht auf die Verstrickungen des Menschenschicksals wirft. Agamemnon, das Haupt unter das »Joch der Notwendigkeit« beugend, setzte eine furchtbare Kette von Ereignissen in Bewegung — das Opfer seiner Tochter, Klytaimnestras Rache, den gottgeheiligten Mord der Mörderin durch Orest. Der Sohn, genauso wie auch seine Mutter, konnte für sich in Anspruch nehmen, ein Werk der Gerechtigkeit zu vollbringen; wenn aber Gerechtigkeit Rache bedeutet, wo soll dann die Kette pflichtmäßiger Verbrechen enden?
Die Antwort findet sich in den *Eumeniden*. Orest ist zwar durch Apoll selbst von aller Schuld gereinigt. Aber noch findet er keinen Seelenfrieden. Er wird gejagt und verfolgt von den Furien, gehetzt vom Geiste der Mutter, die Blut um Blut fordert. Die Sache wird auf dem Hügel des *Ares* vor Gericht gebracht unter dem Vorsitz der Athene,

---

more 1935, 53 ff.; K. v. Fritz, *Pandora, Prometheus und der Mythos von den Weltaltern*, 1947, jetzt in: *Hesiod* (Wege der Forschung, Bd. 44), Darmstadt 1966, 367—410.
75) F. M. Cornford, *Plato's Cosmology*, London 1937, 361—64 (jetzt mit geringen Abweichungen [4]1956).

welche die Weisheit des Zeus verkörpert. Apoll erscheint, um die Sache des Orest zu vertreten. Den Furien tritt er mit Abscheu und Verachtung entgegen. Keine der beiden Parteien kann auch nur um einen Zoll von ihrer Forderung abgehen. Aber auch Menschenweisheit bleibt unfähig zur Entscheidung: Die Stimmenzahl ist gleich. Beide Seiten haben recht, und dennoch können beide auch unrecht haben. Da gibt Athene ihre entscheidende Stimme für Freispruch ab. Apoll verschwindet — er hat sein Wort gesprochen. Der menschliche Protagonist, Orest, wird entlassen. Die Bühne ist den unbefriedeten und zornerfüllten Geistern der Rache, den Töchtern der Nacht und der Mutter Erde, überlassen, und ihnen steht Athene gegenüber, des Allvaters mutterloses Kind — göttliche Vernunft Auge in Auge mit Notwendigkeit.
In wilder Verwirrung und verzweifelter Raserei drohen die Furien, den Boden Athens zu zerwühlen und die Quellen allen Lebens zu vergiften. Da wendet sich Athene ihnen zu, und ihre ersten Worte lauten: »Laßt euch durch mich überzeugen!« Sie bietet ihnen Heiligtum und Verehrungsstätte in der Höhle unter dem Hügel der Gerechtigkeit an. Dort könnten sie sich in Mächte der Fruchtbarkeit und des Segens verwandeln. Erst weigern sie sich zu hören und fahren fort, nach Gerechtigkeit und Rache zu schreien. Geduldig wiederholt Athene ihr Angebot. Sie erinnert sie daran, daß sie allein den Schlüssel zu der Kammer besitzt, in welcher der Blitzstrahl aufbewahrt wird. »Aber dessen bedürfen wir nicht«. Gewalt kann nicht den Schaden heilen, den Gewalt verschuldet hat. Die plötzliche Bekehrung der Furien kommt erst, als Athene ihren Führer folgendermaßen anredet: »Ich will nicht aufhören, euch mit guten Worten zuzureden; niemals sollt ihr sagen, daß ihr, die älteren Gottheiten, von mir, der jüngeren, und von meinen sterblichen Bürgern mit Unehre aus dem Lande gejagt worden seid. Nein, wenn in euch die Ehrfurcht lebt für fleckenlose Überredung, für die Befriedigung und den besänftigenden Zauber meiner Zunge, wohlan, dann bleibt hier!« Solcher Kraft der Überredung weichen schließlich die Töchter der Notwendigkeit, das Spiel endet mit einem Lied, in welchem sie dem Boden und den Bürgern des athenischen Landes Fruchtbarkeit verheißen. Dann tönt der Triumphschrei: »So sind Zeus und das Schicksal versöhnt!«

Zum Vergleich betrachten wir nun den Umriß von Platons geplanter Trilogie *Timaios*, *Kritias*, *Hermokrates*, die wir auf Grund der ausgeführten Teile zu rekonstruieren imstande sind[76]. Die Unterhaltung im *Timaios* findet gelegentlich des Festes zu Ehren der Athene statt. Der Gegenstand, dem sich die einleitenden Worte zuwenden — die Geschichte des vorgeschichtlichen Athens und des Krieges auf Tod und Leben, den es mit Atlantis zu führen hatte —, scheint dem Tage besonders angemessen. Die Festreden zu den Panathenäen pflegten die führende Stellung Athens und den Sieg der Hellenen über die barbarischen Eroberer in den Perserkriegen zu feiern[77]. Am vorangehenden Tage hatte Sokrates seinen Begriff von der Besten Stadt entwickelt. Er möchte nun diese Stadt in Bewegung sehen, ihre Stärke erweisend in Kämpfen, wie sie eine Stadt mit anderen zu führen hat (*Tim.* 19 C). Kritias erbietet sich, dem Verlangen des Sokrates dadurch zu entsprechen, daß er einen Mythos über das Athen von einst und über Atlantis erzählt und auf diese Weise den Besten Staat des Sokrates und dessen Bürgerschaft »aus der mythischen Betrachtung in die Wirk-

---

76) Vgl. Gilbert Murrays Bemerkungen über den mythologischen Hintergrund des triadischen Schemas: *Aeschylus, the Creator of Tragedy*, Oxford 1940, 84—87.
77) Cornford, a. a. O. 361.

lichkeit überträgt« (26 CD). Aber vorerst muß ein kosmisches Rahmenwerk für dieses historische Drama errichtet werden, und dies geschieht im *Timaios*.

Der *Timaios*, dem Plane nach der erste Dialog einer Trilogie, ist seinerseits nach einem triadischen Schema komponiert. Zuerst werden die Werke der Vernunft dargestellt (29 C—47 E), darauf all das, was durch Notwendigkeit hervorgebracht worden ist (47 E—69 A), und schließlich die Zusammenarbeit von Vernunft und Notwendigkeit (69 A — 92 C). Die von Aischylos in den Rachegeistern personifizierte Notwendigkeit enthält den Keim der Gerechtigkeit. Jedoch ist sie unfähig, eine gerechte Ordnung der Gesellschaft herbeizuführen. In ähnlicher Weise ist die sich selbst überlassene Notwendigkeit bei Platon nicht völlig bar gerichteter Bewegung, ja sie nähert sich von fern einer Differenzierung nach Elementen (52 D—53 C). Aber ein Kosmos konnte aus dem zwecklosen Spiel von ungleichgewichtigen Qualitäten erst entstehen, nachdem sich die Notwendigkeit der Überredung durch die Vernunft gefügt hatte (47 E — 48 A). Wie der menschliche und natürliche Kosmos in den *Eumeniden*, so entspringt auch das geordnete Universum im *Timaios* aus dem Siege vernünftiger Überredungskraft über die Notwendigkeit. Die Geschichte von Atlantis, das Mittelstück der Trilogie Platons, würde ein weiteres Symbol der Kämpfe zwischen Athene und Poseidon oder Zeus und Schicksal, Ordnung und irrtümlichem Chaos, Gerechtigkeit und gesetzloser Begier geliefert haben. Erdbeben und Hochfluten überwältigten die Kämpfer. Schließlich hätte wohl der Dialog *Hermokrates*, wäre er ausgeführt worden, die Wiedergeburt eines gesitteten Lebens gefeiert, sicher gegründet auf der Wahrheit, die das Weltall zusammenhält: »Zeus und das Schicksal sind versöhnt«. Das Schreckliche, eine Erinnerung an die Urgestalt der Nacht, bleibt erhalten. In den *Eumeniden* fordert Athene ihr Volk auf, »den Schrecken nicht gänzlich aus der Stadt zu bannen« (καὶ μὴ τὸ δεινὸν πᾶν πόλεως ἔξω βαλεῖν, 698, vgl. 517—19). Die Begründung des Areopags, des Verwahrers wohltätigen Schreckens, bezeichnete für Aischylos den Aufstieg Athens zu zivilisiertem Dasein. Ganz entsprechend bedeutete für Platon die Entmachtung des Areopags (462) den Beginn des Zusammenbruches von Athen. In den *Gesetzen* (dem Dialog, der vermutlich an die Stelle des ungeschriebenen *Hermokrates* getreten ist) zeigt sich Platon ängstlich darauf bedacht, daß die göttliche Furcht von den Bürgern gepflegt werde [78]. Wohl ist es wahr, daß der tragische Konflikt in metaphysischer Dunkelheit anhebt und sich entfaltet. Aber in der Trilogie des Aischylos erhebt sich das Geschehen zu einer Harmonie, in welcher die Voraussetzungen des ursprünglichen Konfliktes aufgehoben sind. Die

---

[78] *Nomoi* III 698 B; zu *Nomoi* und *Hermokrates* vgl. Cornford, a. a. O. 8.

neue Ordnung, die in den *Eumeniden* in Erscheinung tritt, läßt einen tragischen Antagonismus genausowenig zu wie der platonische Kosmos.
Zu einer Versöhnung von Gerechtigkeit und Schicksal nach mühevollem Kampf zu gelangen — ein Ergebnis, das nur als Ergebnis überzeugend ist, d. h. zusammengesehen mit dem Leiden als dem Preis, der für die versöhnende Weisheit entrichtet werden muß —, dies ist e i n e Sache, und demgegenüber ist es etwas ganz anderes, den kosmischen Antagonismus von vornherein nach Begriffen einer dialektischen Synthese zu interpretieren. Eine Stelle in den *Gesetzen* über den allgemeinen Streit kann zeigen, wie nahe der Dichter dem Philosophen steht und wie dennoch die beiden Positionen deutlich voneinander unterschieden bleiben. Es ist, so lesen wir dort (X 906 A B), »unter uns ein unsterblicher Streit im Gange, welcher uns die größte Wachsamkeit auferlegt, und in diesem Streit sind die Götter und Halbgötter unsere Verbündeten und wir sind ihr Eigentum. Ungerechtigkeit und Unverschämtheit und Torheit sind unsere Vernichtung, Gerechtigkeit aber und Weisheit und Maß unser Heil; und der letzteren Ort ist das Leben der Götter. Eine Spur aber ihrer Vollkommenheit kann manchmal unter uns Menschen erspäht werden«. Bei Aischylos können wir den Prozeß der allmählichen Verwandlung sowohl der anthropomorphen Götter wie auch des dämonischen Fatums in eine gerechte und göttliche Ordnung der Dinge beobachten[79]. Für Platon ist dieser Prozeß abgeschlossen, und die Bühne ist geräumt für ein Spiel mit neuen Antagonisten. Platon beginnt, wo Aischylos endet.

V. Das philosophische Drama

Die tragische Sicht des Lebens wurde durch die Tragödie selbst untergraben. Platon seinerseits trifft nicht der Vorwurf, er hätte eine Erfahrung gering geachtet, auf die sich sowohl das tägliche Gespräch (ἰδίᾳ λεγόμενον)[80] wie auch die Dichtung gern beziehen. Er versucht, seine »wahrste Tragödie« angesichts eben der Tatsachen zu begründen, von denen der Pessimismus des Gemeinverstandes seine Beweisgründe herleitete. Das beste Zeugnis hierfür findet sich im *Staat*. Ich wähle deswegen als Ausgangspunkt die

---

[79] Daß diese Idee wenigstens als ein Postulat auch dem Sophokles vertraut war, zeigt ein Fragment seines *Aletes* (fr. 103 N.²): »Seltsam, daß gottlose Männer, gezeugt von bösen Eltern, gedeihen, gute Männer edler Herkunft aber unglücklich sein sollen. Es ist nicht richtig, daß der Himmel derart mit Menschen verfahren darf. Die Götter sollten die Frommen offensichtlich belohnen. Und die Ungerechten sollten ihre Bosheit mit offensichtlicher Strafe bezahlen. Dann würden die Bösen nicht länger gedeihen.«

[80] *Politeia* II 363 E.

Prüfung einer Schwierigkeit, die sich aus der Interpretation dieses Dialogs ergibt.
Es mag unserem Zwecke förderlich sein, der eigentlichen Beweisführung eine bewußt einseitige Skizze vom Aufbau des *Staates* voranzuschicken.

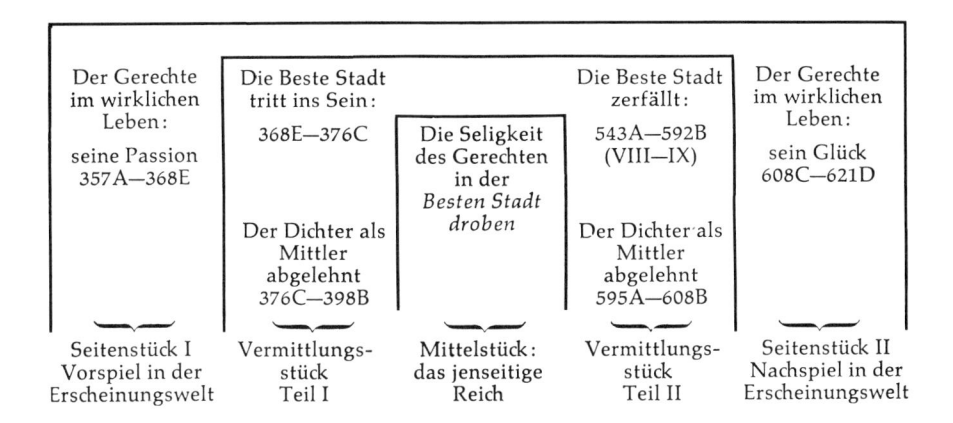

Der Gerechte im wirklichen Leben: seine Passion 357A—368E	Die Beste Stadt tritt ins Sein: 368E—376C		Die Beste Stadt zerfällt: 543A—592B (VIII—IX)	Der Gerechte im wirklichen Leben: sein Glück 608C—621D
		Die Seligkeit des Gerechten in der *Besten Stadt droben*		
	Der Dichter als Mittler abgelehnt 376C—398B		Der Dichter als Mittler abgelehnt 595A—608B	
Seitenstück I Vorspiel in der Erscheinungswelt	Vermittlungsstück Teil I	Mittelstück: das jenseitige Reich	Vermittlungsstück Teil II	Seitenstück II Nachspiel in der Erscheinungswelt

Lassen wir das verhältnismäßig selbständige erste Buch außer acht und betrachten wir das Übrige als ein Spiel von der Seligkeit des Gerechten und dem Elend des Ungerechten, dann enthüllt sich uns eine Komposition von bewunderungswürdiger Symmetrie. Sie läßt sich mit einem Altargemälde vergleichen: in der Mitte des Bildes öffnet sich ein weiter, lichtdurchströmter Prospekt: die transzendente Welt. Zur Rechten und Linken ist er flankiert von in irdisches Dämmer gehüllten menschlichen Szenen. Vermittelnde Gesten tauchen aus dem Zwielicht auf, zeigende Finger und suchende Augen, die sich auf die blendende Theophanie im Hintergrund richten. In ähnlicher Weise ist der mittlere Teil des Dialoges ausgefüllt von einem Bild der ›Seligen Stadt droben‹, in welcher der Gerechte eine würdige Beschäftigung gefunden hat: seine Lebenszeit ist aufgeteilt zwischen entzückter Schau der ewigen Formen und der Erfüllung seiner Herrscherpflichten. Im Gegensatz zu dieser transzendenten Mittelgruppe, aber auch im Gegensatz zueinander, stellen die beiden Flügel, das Vorspiel und das Nachspiel, den Gerechten dar, wie er auf dieser unserer Erde wandelt. Das eine Bild zeigt ihn als Leidenden, verfolgt und gekreuzigt, das andere sein Leben verbringend in Frieden mit der Welt, geehrt von den Mitmenschen, gesegnet mit Reichtümern und in Erwartung noch größeren Glückes in zukünftiger Zeit. Zwei Verbindungsglieder vermitteln zwischen dem übersinnlichen Zentrum und den weltlichen Seitenstücken. Das erste berichtet vom Hervorwachsen der Besten Stadt aus dem Mutterschoß der menschlichen Bedürfnisse, das andere von ihrem stufenweisen Zurücksinken in das Chaos der Leidenschaften. Jedem der beiden vermittelnden Stücke folgt eine Zurückweisung des traditionell-dichterischen Versuchs, das Spiel von Leid und Lust auf die Bühne zu bringen. Der Dichter, blind für das von der Idee des Guten ausgestrahlte Licht, erweist sich als ein unzuständiger Mittler. Passenderweise verbindet sich die Kritik der Dichtung mit dem Problem der Erziehung (παιδεία). So wie in einem Barockgemälde die dämonische Region am Bildrand durchschossen ist von einzelnen Strahlen des transzendenten Lichtes, so ist die Vermittlung zwischen roher Erscheinung und Form gegenwärtig von der ersten bis zur letzten Zeile als *paideia*, als das Pflanzen und Pflegen der Seligen Stadt in der Einzelseele. Soviel im Sinne einer Vorwegnahme; und nun wenden wir uns einer genaueren Prüfung des platonischen Beweisganges zu.

Nach den Präliminarien des ersten Buches beginnt das zweite mit einer von Glaukon vorgeschlagenen Einteilung der Güter in drei Klassen: erstens die in sich selbst begehrenswerten Güter; zweitens Güter, die begehrenswert sind sowohl in sich selbst wie auch wegen ihrer Folgen; drittens Güter, die nur ihrer Folgen wegen begehrt werden. Die meisten Kommentatoren betrachten diese Einteilung als zuverlässige Angabe des dem Dialog zugrundeliegenden Plans. Sokrates zeigt, daß Gerechtigkeit in die erste Gruppe gehört; denn sie ist gut an sich selbst. Der weitaus größte Teil des Dialoges ist diesem Nachweis gewidmet. Erst im zehnten Buch (X 612 B) erklärt Sokrates den ersten Teil seiner Beweisführung für erfolgreich beendet, und unter ausdrücklicher Bezugnahme auf das zu Beginn des zweiten Buches festgelegte Programm geht er dazu über, der Gerechtigkeit ihre »Belohnungen und Preise« zurückzuerstatten. Mit anderen Worten: Der Hauptteil des Dialogs sichert der Gerechtigkeit einen Platz in der ersten Klasse unter den um ihrer selbst willen begehrten Gütern. Nur ein verhältnismäßig kurzer Schlußabschnitt macht dann deutlich, daß Gerechtigkeit ihrer gleichfalls begehrenswerten Folgen wegen schließlich noch in die höchste Klasse, das ist die zweite der Aufzählung, versetzt werden muß. In beiden Teilen wird die negative Behauptung durchgehalten, daß keinesfalls Gerechtigkeit unter die Güter der dritten Art gerechnet werden darf, die, an sich selbst entweder neutral oder unerwünscht, um ihrer Folgen willen erstrebt werden. Dieser von der platonischen Kritik verworfene Gedanke wird sogleich als die von den Dichtern vertretene Ansicht dargestellt.

Die Schwierigkeiten beginnen mit der Unterscheidung zwischen dem Guten an sich selbst und seinen Folgen (τὰ ἀπ' αὐτοῦ γιγνόμενα). In der weiteren Erörterung scheint ‚Folge' soviel zu heißen wie Bestrafung oder Lohn. Doch wird, entgegen den Erwartungen des modernen Lesers, Glück nicht verstanden als Folge der Gerechtigkeit, sondern als eine ihr innewohnende

Eigenschaft. Platons Behauptung, Gerechtigkeit solle um ihrer selbst willen begehrt werden, hat einen doppelten Aspekt: Erstens soll Gerechtigkeit ihren Lohn in sich selbst tragen. Der Gerechte ist als solcher notwendigerweise glücklich. Diese Tugend wird in ihrer vollkommenen Gestalt nur denen zugebilligt, die zur Schau der ewigen Formen gelangen. Die für den gesunden Menschenverstand abschreckende Strenge der platonischen Ansicht besteht nicht darin, daß er eine um den Preis des Glücks erkaufte Sittlichkeit fordert, sondern in einem Begriff von Glück, der, erhaben über das gewöhnliche Verständnis, sich losreißen will von den allgemein akzeptierten Bedingungen menschlichen Wohlbehagens. Zweitens muß diese Gerechtigkeit in der rechten Weise gewollt werden, mit dem Ziel der Erwerbung des ihr eigenen Gut-Seins (will sagen: der schon in ihrem Besitz liegenden Glückseligkeit), nicht aber im Hinblick auf einen weiteren Zweck oder ein anderes Gut (will sagen: auf einen nicht in der Gerechtigkeit selbst enthaltenen Genuß). In einem Abschnitt des *Theaitet* (176 B—D), der diese Gedanken aufnimmt, besteht Sokrates-Platon wiederum auf der Bedeutung des rechten Motivs. Gleichzeitig gibt er zu, daß es nicht leicht ist, die Menschen davon zu überzeugen, daß sie Unrecht meiden sollen aus Furcht allein vor der wahren Strafe, dem Elend, das in der Ungerechtigkeit selbst liegt, nicht aber, um äußeren Strafen wie Geißelung oder Tod zu entgehen. Demgemäß wird der Angriff gegen die herkömmliche Weisheit der Dichter in doppelter Front vorangetragen. Die Anklage lautet auf subversiven Pessimismus, aber auch auf flachen Optimismus. Indem sie den Gerechten als Unglücklichen darstellen (die ‚moralische Disproportion' der Tragödie), entkleiden sie die Gerechtigkeit des ihr innewohnenden Wertes und ermutigen das Laster. Dann wiederum preisen sie die äußeren und zufälligen Folgen der Gerechtigkeit, wie Homer, der den reichen Ernteertrag der Felder unter gerechter Herrschaft rühmt, um so der Tugend eine verkehrte Empfehlung auszustellen [81]. In beiden Fällen zeigt sich, daß die Dichter, ebenso wie die unbelehrte Menge, die Gerechtigkeit zur dritten Güterklasse rechnen — zu den Gütern, die nur wegen ihrer Folgen begehrenswert sind.

In einer scharfsinnigen Analyse der Anfangssätze des zweiten Buches wird dem platonischen Sokrates vorgeworfen, er verfehle das zur Erörterung stehende Problem [82]. Der Kritiker macht darauf aufmerksam, daß Glaukon und Adeimantos, die sich der Sache des Thrasymachos annehmen, Gerechtigkeit gar nicht als ein Gut der dritten Klasse ansehen. Was sie als »wohltätig durch seine Folgen« empfehlen, ist der bloße Ruf der Gerechtigkeit. Hingegen ist Gerechtigkeit selbst in dieser Sicht überhaupt kein Gut,

---

81) *Politeia* II 363 BC; *Odyssee* XIX 109—114.
82) M. B. Foster, *A Mistake of Plato's in the Republic*, Mind 46, 1937, 386—93.

sondern vielmehr ein Übel, von denen zu erdulden, die nicht stark genug sind, es abzuwehren.

Die vermeintliche Korrektur ist in Wirklichkeit eine Bestätigung. Die Güter der dritten Klasse sind ihrer Definition nach nur relativ gut. Sie hören auf, gut zu sein, im Augenblick, da ihr wohltätiges Resultat — die Quelle ihres Gut-Seins — entweder in einer angenehmeren oder weniger mühsamen Weise zu erlangen ist. Um mit einem platonischen Beispiel aufzuwarten: Gelderwerb ist des Unterhalts wegen gut für den, der kein eigenes Vermögen besitzt. Wenn nun Gerechtigkeit eines ähnlichen Vorteils wegen als »gut« erstrebt wird, bietet sich ein Ersatz an, der das gewünschte Resultat mit geringerer Mühe hervorbringen kann — der bloße Schein oder Ruf der Gerechtigkeit. Es widerspricht aber der Natur der Gerechtigkeit, derart zusammen mit Gelderwerb der dritten Klasse eingeordnet zu werden. In das falsche Begriffsfach gezwängt, verliert sie ihren klaren Umriß und droht sich in ihr Gegenteil zu verwandeln. Das zeigt sich im Schwanken der Sophisten zwischen zwei verschiedenen Positionen: bald empfehlen sie unwürdiges Verhalten als gerecht, weil es Vorteile bringt, bald ergehen sie sich im Lob der Ungerechtigkeit, als wäre sie mit Mannhaftigkeit gleichzusetzen, Gerechtigkeit aber mit Schwäche.

Die eigentliche Schwierigkeit jedoch, die sich in der platonischen Trias der Güter verbirgt, ist noch nicht berührt worden. Die Wichtigkeit, die Platon einer richtigen Einordnung der Gerechtigkeit als eines Gutes beimißt, ist ein Kunstgriff: er soll ein Kriterium zur Unterscheidung der wahren Gerechtigkeit von ihrem entstellten Abbild liefern. Nur der Anschein von Gerechtigkeit, nicht Gerechtigkeit selbst, darf in die dritte Klasse auf der Tabelle der Güter gesetzt werden. Die Erzähler und Dichter, die die Früchte der Gerechtigkeit preisen, bringen ihr Lob an falscher Stelle an. Sie verwechseln den Schein mit der Wirklichkeit. Um diese Verwirrung zu vermeiden, einigen sich Sokrates und seine Mitunterredner auf die Regel, wonach sich die folgende Erörterung auf die Gerechtigkeit selbst beschränken, die Belohnungen aber beiseite setzen soll. Glaukon schlägt einen Probefall vor. Wir sollen annehmen, daß sich die Gerechtigkeit nackt darstellt, verkörpert in einem Manne, dem alle Vorteile des Gerechtscheinens ermangeln. Er wird von seinen Mitbürgern als ungerecht verleumdet. Enteignung, Haft, Tortur und schließlich Kreuzigung werden sein Schicksal. Diesem Schmerzensmann steht gegenüber das Bild des Ungerechten, der schlau den Ruf der Gerechtigkeit zu erwerben versteht. So fallen ihm alle Früchte der Gerechtigkeit zu: Wohlstand, Ruhm und Macht. Hat Sokrates recht, dann muß das gerechte Leben des ersten, entblößt wie es ist von aller weltlichen Glücksausstattung, dennoch dem zweiten vorzuziehen sein; und das heißt: es muß glücklicher sein als das Leben des erfolgreichen Übeltäters. Für

Platon, den Zeugen des sokratischen Geschicks, kann die Idee des gerechten Dulders keine bloße um des Arguments willen ersonnene Fiktion sein. Die von ihm angestellte Probe ist vielmehr entscheidend für seine Philosophie. Ist er nicht imstande, das Paradox eines Glückes aufrechtzuerhalten, dessen Burg durch keinen Ansturm der feindseligen Welt zu brechen ist, dann wird sein gekreuzigter Märtyrer zum Helden einer Tragödie, dem selbst Sokrates das menschliche Vorrecht der Klage und des Seufzens wird einräumen müssen. Damit aber wäre es zu Ende mit dem platonischen Widerstand gegen die »moralische Disproportion« in der tragischen Dichtung, zu Ende auch mit der »wahrsten Tragödie«.

Was aber dann folgt, ist keineswegs ein griechisches Gegenstück zu dem Buch Hiob. Keineswegs versucht Sokrates, glaubhaft zu machen, daß der von seiner Mitwelt befehdete und gemarterte Gerechte glücklich sei. Statt dessen wird das Modell der Besten Stadt aufgerichtet als Bild der ›großgeschriebenen‹ Gerechtigkeit, und diese Stadt ist genauso mit einem System von Belohnungen und Strafen verbunden wie jede andere politische Gemeinschaft. So schließt das Alfrescogemälde der Gerechtigkeit tatsächlich deren Folgen mit ein. In diesem Sinn kann Sokrates im Augenblick, da der Gedanke der Einteilung der Güter im zehnten Buch wieder aufgenommen wird, für sich in Anspruch nehmen, er habe seine Verpflichtungen gegenüber dem Beweisgang dadurch erfüllt, daß er Belohnung und Ruhm der Gerechtigkeit beiseite ließ (X 612 A B). Dann erst macht er sich unter Beobachtung der früheren Absprache daran, »der Gerechtigkeit ihren Anschein zurückzugeben«, und überreicht ihr die Palme ihres zweiten Sieges, der ihr einen Platz in der zweiten und höchsten Klasse der Güter sichert. Zu diesem Urteil des Sokrates bemerkt Jowett: »Daß er (Platon) sich einen Mangel an Folgerichtigkeit zuschulden kommen lasse, wenn er im zehnten Buch behauptet, er habe die Belohnungen und Ehrungen der Gerechtigkeit ausgeschaltet — das mag zugegeben werden; hat er doch die in dem vollkommenen Staat bestehenden Ehrungen beibehalten«[83]. R. L. Nettleship kommt sogar nach einem Vergleich der Problemstellung im zweiten Buch mit der nachfolgenden Entwicklung des Idealstaates zu der Meinung, auf den ersten Blick sei »kaum eine Verbindung« zu entdecken zwischen der Frage und der Antwort, die Platon ihr folgen läßt[84]. In noch stärkeren Ausdrücken gibt W. C. Greene seinen Zweifel an der Folgerichtigkeit der platonischen Beweisführung kund. Genau genommen, so schreibt er, »umgeht der Sokrates im *Staat* die Einwände des Glaukon und Adeimantos, statt sie wirklich zu beantworten. Er sagt nicht: ›Sei gut und du

---

83) B. Jowett, *The Dialogues of Plato*, I. The Republic, Analysis, New York 1914, 41 (⁴1953).
84) R. L. Nettleship, *Lectures on the Republic of Plato*, London ²1901, 67.

wirst glücklich sein‹!, sondern: ›Sei gut und es wird dir hinfort nichts ausmachen, ob du glücklich bist oder nicht‹! Gottgeliebtheit setze für Glück, dann führt der Glaube das Werk der Vernunft fort, und die Belohnungen der Rechtschaffenheit werden wieder in Rechnung gestellt. Der Geist der Schlußpartie des *Staates* ähnelt bis zu einem gewissen Grade dem des Schlußkapitels im Buch Hiob, und in ähnlicher Weise widerspricht er dem vorangegangenen Beweisgang«[85].

Der Angelpunkt des Problems dürfte weitgehend die genaue Bedeutung der Begriffe ‚Folgen' oder ‚Belohnungen' sein. ‚Belohnungen' sollen in diesem Zusammenhang diejenigen wohltätigen Ergebnisse sein, die durch den bloßen Anschein oder das ‚Scheinen' (δόξα) zu erlangen sind statt durch Gerechtigkeit selbst. Die biegsame und vielschichtige Bedeutung von *doxa* ist für die Zweideutigkeit des Begriffs ‚Folgen' verantwortlich. Bei Betonung des ‚subjektiven' Pols bedeutet *doxa* »das, was den *Menschen* scheint«, die Meinungen, die tatsächlich gehegt und öffentlich verbreitet werden. Betrachtet hingegen vom ‚objektiven' Pol her, d. h. in Beziehung zu »dem, was scheint«, besagt das gleiche Wort ‚Erscheinung'. Die ‚Erscheinung' offenbart die Wirklichkeit und verhüllt sie zugleich, und da diese beiden Funktionen in verschiedener Weise ineinandergreifen, gewinnen wir eine aufsteigende Stufenleiter nach Typen der Erscheinung, von trügerischem Anschein bis hinauf zur Offenbarung. Mit anderen Worten: ‚Erscheinung' umfaßt Nachbilder, deren Entfernung von der urbildlichen Wirklichkeit abgestuft ist. Da die beiden Aspekte der *doxa* niemals voneinander geschieden werden, führt jede Variation auf der objektiven Seite zu entsprechenden Typen der öffentlichen Meinung als dem subjektiven Korrelat. So kann die öffentliche Meinung auf einem von der Wirklichkeit weit entfernten Bild beruhen oder auf ihrem getreuen Gleichnis. Im ersten Falle ist sie verkehrt und verderbt, im zweiten Fall wahrhaftig. *Doxa*, »öffentliche Meinung«, teilt die ihr eigene Zweideutigkeit den Belohnungen mit, die ihr anhängen. Es besteht ein großer Unterschied zwischen den Prämien, die eine korrupte öffentliche Meinung ihren Günstlingen zuspricht (auch ein Nichtswürdiger kann zu Ruhm und Macht gelangen) und der Ehrung, mit der ein aufgeklärtes Volk seine Wohltäter krönt. Glaukon und Adeimantos sind empört über die Verderbtheit der öffentlichen Meinung — daher die Entschiedenheit, mit der sie auf einer sauberen Trennung der Gerechtigkeit von ihren Belohnungen, der Wirklichkeit der Tugend von ihrem Schein bestehen.

Sokrates erfüllt sein Versprechen, die Gerechtigkeit nackt darzustellen.

---

[85] W. C. Greene, *The Spirit of Comedy in Plato*, Harv. Stud. in Class. Philol. 31, 1920, 103—4.

Aber er modifiziert die Bedeutung dieses Bildwortes und bringt es in die Nachbarschaft der Bedeutung von »nackt« in dem eschatologischen Mythos im *Gorgias* (523 D E), wo es besagt: befreit von der irdischen Hülle, entblößt vor dem Blick des obersten Richters. Er enthüllt die Gerechtigkeit, die eins ist mit Wissen und jener Vollendung des Wissens, welche der Seele eine beseligende Schau gewährt. So wird gezeigt, daß das Gut-Sein der Gerechtigkeit verankert ist in einer Region jenseits fluktuierender *doxa* und unverläßlicher Erscheinung. Aber damit ist das Problem des zweiten Buches noch nicht gelöst. Wir sind nicht nur intellektuelle Seele. Wir sind auch Leib, und wir sind abhängig von der Gesellschaft, zu der wir als Mitglieder gehören. Um zu beweisen, was er beweisen will, hätte Sokrates uns die Gewißheit geben müssen, daß keine weltlichen Heimsuchungen je das übersinnliche Glück des Gerechten zu beeinträchtigen fähig sind. Tatsächlich tut Sokrates nichts dergleichen. Statt uns auf die Kluft zwischen der wahren Gerechtigkeit und der Macht der *doxa* hinzuweisen und uns dann zu sagen: »Sehet, die Seligkeit des Gerechten ist fest gegründet selbst vor der Wut schwer bewaffneter Niedertracht!«, wählt er eine Beweisführung ganz anderer Art. Er macht klar, daß Gerechtigkeit zu den Gütern gehört, »die durch ihre eigene Natur zeugungskräftig sind«[86]: sie erzeugt den Gemeinschaftskörper. Der Beste Staat ist vergrößertes Bild und Veräußerung der Gerechtigkeit, die in der Seele wohnt — ein Bild aber ohne Flecken und Verfälschung. Die Selige Stadt des Sokrates kann Meinungen (*doxai*) nicht entbehren, und sie muß diese Meinungen durch Belohnungen und Strafen befestigen. Aber die *doxa* ist letzten Endes im Geiste der Herrscher auf Wissen gegründet. Auch in den Mauern der Besten Stadt leuchtet der Ruhm der Gerechtigkeit, aber er wird hier von der Tugend selbst ausgestrahlt.

Auf diese Darlegung gegründet, können wir hoffen, den von Sokrates im zehnten Buch erhobenen Anspruch zu rechtfertigen (X 612 B). Dem Geiste, wenn auch nicht dem Buchstaben nach erfüllte er sein Versprechen, die Belohnungen beiseite zu lassen. Die Belohnungen nämlich, die die richtige Einschätzung der Gerechtigkeit zu verdunkeln drohen, verbinden sich mit der verderbten *doxa*. Sie allein lassen sich im Dienst ungerechter Zwecke mißbrauchen. Doch gegen die Mitberücksichtigung der wahren *doxa* und ihrer natürlichen Begleiterscheinungen ist nichts einzuwenden. In dem echten Staat sind die Belohnungen ein Ausfluß der Gerechtigkeit selbst. Ihrer Natur nach sind sie, was sie sind, auf Grund der Gerechtigkeit, die in der Seele der Herrscher lebt, und diese Gerechtigkeit besteht unabhängig

---

86) Ich folge Paul Shoreys Übersetzung von γόνιμα, *Politeia* II 367 D (Loeb Class. Library), die später auch von M. B. Foster (a. a. O. 392 f.) verteidigt worden ist. Die gewöhnliche Übersetzung lautet »echt«.

von allem Lohn. Wenn uns also Sokrates im zehnten Buch erklärt, er wolle nun der Gerechtigkeit ihre Belohnungen zurückerstatten (als wären nicht schon vorher Belohnungen in Fülle erteilt worden), so will er nicht mehr sagen als: »Hiermit wenden wir uns vom Modell aller Gerechtigkeit der Gerechtigkeit in dieser gegenwärtigen Welt zu.« Für diese unsere Welt ist es charakteristisch, daß Name und Ruhm der Gerechtigkeit verdunkelt sind, entstellt von Fälschern und mißbraucht zur Tarnung von Ungerechtigkeit. Hier nur entsteht das Problem Glaukons, und hier ist es von entscheidender Bedeutung.

Die größte Schwierigkeit aber ist damit noch nicht aus dem Wege geschafft. Wir haben vor uns den Entwurf eines idealen Staates und mit ihm das vergrößerte Bild der Gerechtigkeit selbst. Innerhalb dieses Bildes, welches den größten Teil des Dialogs füllt, mag in der Tat gelten, daß die Belohnungen der Gerechtigkeit ihrer besonderen Bedeutung wegen nicht unter die Regel der Ausschließung fallen, auf die sich die Gesprächspartner im zweiten Buch geeinigt haben. Nun gibt jedes der beiden Seitenstücke, welche die ideale Welt einrahmen, ein Bild der Gerechtigkeit in der wirklichen Welt. Doch diese zwei Seitenflügel des Triptychons scheinen einander in seltsamer Weise zu widersprechen. In der Welt der beiden Brüder, Adeimantos und Glaukon, triumphiert die als Tugend maskierte Bosheit, und der Gerechte, den Kindern dieser Welt ausgeliefert, erleidet Martyrium und Tod. In scharfem Gegensatz zu diesem düsteren Bild steht der von Sokrates im zehnten Buch eröffnete tröstliche Ausblick. Schließlich und endlich, so sagt er uns, findet Gerechtigkeit ihren Lohn. Die Götter werden den nicht im Stiche lassen, der durch Tugendübung ihnen so ähnlich wird, wie menschliche Natur es vermag. Auch die Mitbürger werden ihn ehren. Er wird in seiner Vaterstadt ein hohes Amt bekleiden, und nach eigener Wahl eine Erbin zur Frau nehmen können. Sein Antagonist aber, der seine wahre Gestalt schlau verhüllende Schurke, wird am Ende als der erkannt werden, der er ist, und er wird schließlich jene grausamen Strafen erdulden müssen, die nach Glaukons Schilderung auf den Gerechten warten. Will Platon uns zu verstehen geben, daß die erste Ansicht phantastisch, die zweite wahr ist? Dafür läßt sich nicht der Schatten eines Beweises erbringen. Überdies ist der ungetrübte Optimismus der zweiten Sicht unvereinbar mit dem Schicksal, das Sokrates tatsächlich zu erleiden hatte. Der Mittelteil des Dialoges gab keine unmittelbare Antwort auf Glaukons Fragen. Diese unmittelbare Erwiderung findet sich erst im zehnten Buch; aber statt Gründe vorzuweisen, bringt sie ein anscheinend unbegründetes Vertrauen zum Ausdruck. Vorgetragen im Stile des Geschichtenerzählers, der auf die Beweiskraft des Gesagten geringen Wert legt, scheint sie dem Ernst der aufgeworfenen Frage unangemessen zu sein.

Auf der Suche nach einem Ausweg aus diesem Labyrinth versuchen wir, die Beziehung zwischen dem Idealstaat und der Wirklichkeit der politischen Welt zu bestimmen. Die vollendete Polis ist nicht nur eine Wesenheit im Reiche der Formen — eine Wesenheit, die eines Tages, wenn ein König zur Philosophie bekehrt worden oder ein Philosoph zu königlicher Macht aufgestiegen ist, vom Himmel auf die Erde herabsteigen mag. Als die wahre Polis oder die Polis als solche ist sie die Grundlage aller wirklichen Staaten, die »wache Wirklichkeit« (VII 520 C), die in dem wirklichen Athen oder dem wirklichen Sparta nur wie in einer Traumvision abgespiegelt ist. Die Analyse des Verfalls des Besten Staates im achten Buch zeigt das Band zwischen Idealität und Aktualität in Form eines historischen Berichts. Die Lehre, die daraus zu ziehen ist, besagt, daß auch die schlechteste Verfassung nur durch Beziehung auf die beste, deren verderbter Abkömmling sie ist, verständlich gemacht werden kann. Die ihr verbliebene Lebenskraft verdankt sie den nicht völlig ausgelöschten Spuren ihres ewigen Vorbilds. Selbst jener böse Eros, der als ein tödlicher Wahn die zerfallende Stadt in den Abgrund der Selbstvernichtung reißt, ist noch die grauenhafte Karikatur des göttlichen Führers zur Weisheit; wie auch Lust, ihrer abgründigen Unersättlichkeit überantwortet, noch Nachäffung des grenzenlosen Strebens der Liebe ist.

In weiser Besonnenheit stellte Platon den Idealstaat zwischen zwei gegensätzliche Aspekte der Wirklichkeit. Das politische Leben, so scheint er uns zu sagen, ist beides zugleich: Perversion wie auch Abspiegelung des Ideals; oder besser gesagt, es ist ein Schwanken zwischen diesen Polen. Ein Zustand, der den Schurken zur Macht erhebt und den Gerechten vernichtet, liegt immer noch in den Grenzen des Möglichen. Aber er bezeichnet ein dem Nicht-Sein benachbartes Extrem. Wenn der durchschnittliche Staat, an dem wahren Staat gemessen, einem Traumbild gleicht, so dieser extreme Zustand der Halluzination eines Menschen im Delirium. Lohnt es sich, die Einbildungskraft auf die Ausmalung dieses Schreckens zu verschwenden und die moralische Kasuistik bis zu den äußersten Grenzen der Möglichkeit vorzutreiben?

Es lohnt sich in der Tat, werden wir zu antworten geneigt sein. So entfernt sie auch von intelligibler Wirklichkeit sein mag — die von Glaukon als möglich antizipierte Situation kann dennoch für die von Sokrates verteidigte Behauptung verhängnisvoll sein. Denn der geminderte Grad von Wirklichkeit bedeutet in diesem Fall keineswegs Unwahrscheinlichkeit. Im übrigen wird die Wirklichkeit der Gerechtigkeit im zehnten Buch nicht als eine Alternative hingestellt, sondern als die Wahrheit, welche die falsche Ansicht im zweiten Buch Lügen straft. »Wie nun einmal die Dinge in dieser Welt laufen, mußt du darauf gefaßt sein, als Opfer menschlichen Irrtums und menschlicher Bosheit verfolgt und schließlich getötet zu werden«, erklärt Glaukon dem Gerechten. »Sorge dich nicht«, tröstet ihn Sokrates, »die Götter werden über dir wachen und dafür sorgen, daß dir kein Haar gekrümmt wird!« Aber so schwankend sind die Wirklichkeiten des Lebens, daß die tröstliche Ansicht nicht besser begründet ist als die trostlose. So ergibt sich unser altes Problem aufs neue. Ist Platon ihm ausgewichen? Es läßt sich, glaube ich, zeigen, daß davon nicht die Rede sein kann.

Kann der Gerechte angesichts der von Glaukon erdachten Märtyrerprobe sowohl seine Gerechtigkeit wie auch sein Glück bewahren? Im sechsten Buch erörtert Platon die Gefahr der Verderbnis, welcher die philosophische Natur in Zeiten der Auflösung ausgesetzt ist, und die Frage ergibt sich, ob der von solchen Versuchungen geprüfte Philosoph seine Integrität zu erhalten vermag. Die Antwort auf diese Frage löst auch unser Problem. Sie lautet: Dazu ist er unfähig, »es sei denn, ein göttliches Geschick käme ihm zu Hilfe« (ἐὰν μή τις αὐτῇ βοηθήσας θεῶν τύχη).[87] Noch in der äußersten Not darf Rettung erhofft werden: sie bleibt möglich, nicht als berechenbar, aber im Sinn einer glücklichen Schickung. Wie aber rechtfertigt sich dann der Optimismus des Nachspiels, der uns über die furchtbare Tatsache hinwegtäuschen will, daß nur etwas wie ein Wunder die Gerechtigkeit in der Welt zum Sieg führen kann? Die Antwort, die ich vorschlagen möchte, bringt uns zum Ausgangspunkt und wesentlichen Zweck unserer Untersuchung zurück.

Wir haben einen Unterschied gemacht zwischen dem Mittelteil des Dialoges, der den Idealstaat schildert, und den beiden ihn einrahmenden Seitenstücken. Darüber hinaus aber gibt es einen Rahmen innerhalb des Rahmens oder besser gesagt zwei vermittelnde Teile, die das Zentrum mit den Seitenflügeln verbinden. Das sind die Untersuchungen über Dichtung im zweiten und dritten Buch und dann wieder im zehnten Buch. Die Aufteilung dieser Erörterung in zwei Hälften ist ebenso natürlich und überzeugend wie überhaupt die Eingliederung dieser beiden Teile in den Aufbau des Dialogs. Alle Dichtung ist zweideutig. Zwar verlangt die poetische Wiedergabe des Lebens eine Einschätzung des Verhältnisses von Verdienst zu Glück. Aber diese Einschätzung ist nicht gegründet auf ein Wissen von der Natur des Glücks. Des Dichters Werk hält die Mitte zwischen einer von Rechenschaftsablage entbundenen Weisheit und blanker Unwissenheit. Schon der Ort, den Platon der Dichtungskritik im Staat zuweist, enthält einen Hinweis auf die Natur der dichterischen Schöpfung. Nachdem die Untersuchung die im Lichte der pervertierten *doxa* vorgenommene Prüfung der Wirklichkeit hinter sich gebracht hat (Buch II) und bevor sie sich zur

---

[87] *Politeia* VI 492 A; vgl. 492 E—493 A und II 366 C (Begriff der ›göttlichen Natur‹). Hierzu: E. G. Berry, *The History and Development of the Concept of* θεία μοῖρα *and* θεία τύχη *down to and including Plato* (Diss. Univ. Chicago), Chicago 1940, 68—9.

Schau der Besten Stadt und der Formen als dem alleinigen Grund wahren Wissens erhebt, durchmessen wir die Sphäre, in welcher bereits eine eindrucksvolle Reflexion über das Leben entwickelt worden ist — das Reich der Dichtung. Die dichterischen Schöpfungen werden geprüft und als mangelhaft befunden. Dann wieder, bei der Rückkehr von der Schau des transzendenten Modells, führt der Weg abwärts zur wirklichen Welt noch einmal durch die arkadischen Gefilde, und die Gelegenheit bietet sich, den Konkurrenten im Anspruch auf Weisheit endgültig abzuschütteln.

Im ersten Teil der platonischen Dichtungskritik (Buch III) werden die unwürdigen Vorstellungen der Dichter über die Gottheit einer vernichtenden Kritik unterworfen. Im Augenblick, da er dazu kommt, das Problem einer angemessenen Darstellung der menschlichen Angelegenheiten aufzugreifen, verläßt Sokrates plötzlich diese Spur. Die vorliegende Frage, so meint er, können wir nicht beantworten, ohne das Ergebnis der von uns geplanten Untersuchung vorwegzunehmen. Zuvor muß entschieden werden, ob das gerechte Leben durch sich selbst glücklich ist oder ob das Gegenteil zutrifft (III 392 B C). Der Kommentator James Adam bemerkt hierzu, daß das aufgeschobene Thema, d. h. das Problem der angemessenen dichterischen Darstellung des menschlichen Lebens, »an keiner Stelle des *Staates* namentlich und ausdrücklich wiederaufgenommen wird«. Etwas weiter oben, als die Dichter ihrer irrigen Theologie wegen ins Gebet genommen wurden, sind wir mit einem ähnlich unbestimmten Hinweis auf Späteres abgespeist worden. Sokrates hatte erklärt, wir müßten uns mit einem allgemeinen Umriß des wahren Begriffs von Gottheit zufrieden geben, ohne gleich eine ganze Mythologie zu entwickeln. »Denn, mein lieber Adeimantos, wir — ich und du — sind im Augenblick keine Dichter, sondern wir sind dabei, eine Stadt zu gründen« (II 378 E—379 A). Will er sagen, daß in der Folge, wenn einmal der Idealstaat vollendet sein wird, er und Adeimantos in der Tat Dichter zu werden gedenken, um sodann auch das andere Versprechen des Sokrates zu erfüllen — daß wir dann also endlich von ihm hören werden, wie Dichtung die menschlichen Angelegenheiten würdig darzustellen hat?

Im zehnten Buch des *Staates* wird Sokrates tatsächlich zum Dichter und erfüllt seine beiden Versprechen. Dem Übergang von der Gerechtigkeit selbst zu ihren Belohnungen entspricht dort ein Überwechseln von dialektischer zu poetischer Behandlung. Plötzlich ändern sich Ton und Wortschatz, und Platon legt ein Musterbeispiel jener heilsamen Dichtung vor, die das Gegenstück bildet zur schädlichen, die er eben verdammt hat[88], die »wahrste Tragödie« im Gegensatz zu der falschen, von der uns Glaukons Rede im

---

88) Bernard Bosanquet bemerkt in seinem Kommentar zum Schlußabschnitt des Dialogs (*A Companion to Plato's Republic*, New York 1895, 410): »The imagery of the myth

zweiten Buch eine Probe gegeben hat. Mit dieser Deutung verschwinden die angeblichen Unstimmigkeiten. Für Platon ist Dichtung ‚Lob', die öffentliche Anerkennung irgendeiner Vortrefflichkeit durch einen Mann, der fähig ist, die passenden Wörter zu wählen und sie zu einem angemessenen Ganzen zu vereinigen. An der von uns untersuchten Stelle geht Platon anmutig-spielerisch von einer Erörterung der Belohnungen der Gerechtigkeit über zu ihrer tatsächlichen Verleihung in Form eines poetischen Panegyrikos; besser gesagt, er verschmilzt beides zu einem neuartigen Enkomion. Für den Enkomiasten ist alles in der Welt aufs beste bestellt: die Gerechtigkeit verteilt ihre Gaben mit Weisheit, und den Übeltäter erreicht die verdiente Strafe. Aber diese heitere Vision ist nicht dazu bestimmt, die zu Beginn der Beweisführung von Glaukon ins Auge gefaßte tragische Möglichkeit zu widerlegen. Platon konnte sogar zugeben, daß unter dem Gesichtspunkt der Wahrscheinlichkeit die Ansicht Glaukons ‚realistischer' ist, das will sagen, näher der durchschnittlichen Wirklichkeit. Er weiß sehr wohl, daß unter den Dingen, die dem Menschen zustoßen, »die guten viel seltener sind als die schlimmen« (II 379 C). Doch im Blick auf die Sphäre der rastlosen Erscheinungsflucht, die echtem Wissen keine Grundlage bieten will, darf die ungewisse Wahrheit, die wir auch hier noch zu erhaschen hoffen, nicht ausschließlich als ein Zusammenstimmen von Begriff und durchschnittlicher Erfahrung, undeutlich und schwankend wie sie ist, verstanden werden. Nützlichkeit im vornehmsten Sinn dieses Wortes muß hilfsweise als Kriterium herangezogen werden. Ein Dichter, der die von Glaukon heraufbeschworene Situation zu einer Tragödie ausgestalten wollte, würde der Wahrheit ebenso fern bleiben wie der Seufzer des leidenden Gerechten der wahren Unseligkeit oder der Triumph des Verbrechers dem wahren Glück. Er würde dem Kardinalirrtum zum Opfer fallen, vor dem wir uns nach Platons Mahnung angesichts all jener Erfahrungen hüten müssen, deren Gut-Sein oder Übel-Sein im Zweifel bleibt: er würde machen, daß wir sie schwer nehmen, während doch diesen Menschlichkeiten »keine große Wichtigkeit« zukommt (X 604 B C).

Platons Dichtung, Ersatz für Dialektik in dem Feld der Unbeweisbarkeit, ist frei von solchem Irrtum. In Übereinstimmung mit Platons eigener Forderung trägt sie »das Abbild des Guten« aufgeprägt (III 401 B, vgl. X 607 A). Sie ist Preis des Preiswürdigen, ein Enkomion zu Ehren der Götter und all derer, die ihnen in den Grenzen des Menschenmöglichen ähnlich sind (X 607 A). Sie erhebt sich auch über den Einwand, der alles Sprechen schon deswegen entwerten will, weil es nicht Tat ist[89]. Wohl ist

---

follows strangely upon Plato's criticism of poetic imagination.« Wenn wir »strangely« durch »naturally« ersetzen, wird die Bemerkung bedeutungsvoll.

89) Zur Antithese ›Tat — Rede‹: Leo Strauss, *The Spirit of Sparta or the Taste of Xenophon*, Social Research VI 4, 1939, 519.

etwas Wahres in der Bemerkung, daß derjenige, der ein Wissen von Gerechtigkeit, Weisheit, Mut und anderen Tugenden besitzt, größeren Eifer für ihre Verwirklichung als für ihre Darstellung zeigen dürfte, daß er lieber schöne Taten zu seinem Gedächtnis hinterlassen wird als Verse, daß er es vorziehen wird, der besungene Held zu sein statt der den Helden besingende Dichter (X 599 B). Aber der von Platon angestimmte Lobpreis ist ein Mahnmal, seinen Hörern ins Gedächtnis rufend, wessen sich zu erinnern ihnen bitter nottut. Es erzeugt die Tat, ja es darf als Sinnbild der menschlichen Tat schlechthin beschrieben werden.

Das Bild der Welt im poetischen Finale des *Staates* nannten wir ‚optimistisch'. Dieser Ausdruck muß nun berichtigt werden. Nichts von Beschönigung des bitteren Ernstes der menschlichen Situation: vielleicht ist niemals zuvor ein so furchtbares Gewicht von Verantwortung auf die Schultern des Menschen gelegt worden wie hier durch Platon. Schon in den ersten Sätzen des Enkomions wird kurz auf die Bresche hingewiesen, durch die das Unheil ins Leben des Gerechten eindringen kann. Er mag Übel erdulden, die als Folge einer Missetat in einer früheren Einkörperung über ihn verhängt sind. Die in dieser Bemerkung liegenden Möglichkeiten werden gleich darauf in einem eschatologischen Mythos orphischer Herkunft entwickelt. Ihren Höhepunkt erreicht die Geschichte von Er, dem in das Jenseits entrückten Scheintoten, in der Schilderung »jener größten Wahl sowohl für dieses Leben wie darüber hinaus«, die da besteht im Wählen der Lebensrolle für die bevorstehende Wiedereinkörperung — der Bedingungen also, welche die Chancen des künftigen Gut- oder Schlecht-Seins (freilich nicht dieses selbst) vorbestimmen. Unter der Form einer mythischen Theodizee, die sich kaum in ein Dogma übersetzen läßt, wird die Alternative des zweiten Buches auf dem Niveau der platonischen Dichtung wiederaufgenommen. Die Erörterung der Frage, ob das gerechte Leben in sich selbst glücklich und daher unter allen Umständen dem ungerechten Leben vorzuziehen ist, wird zunächst als Erwägung der Seele hier in der unteren Welt vorgeführt — als ein Denken, das schließlich Frucht bringt in der Lebenswahl vor dem Thron der Lachesis für die nächste Re-inkarnation. So verschärft der Mythos aufs äußerste sowohl das Lebenswagnis wie auch den möglichen Lebensgewinn dadurch, daß er den zeitlichen Horizont über die wenigen Dekaden der irdischen Lebenszeit hinaus zu einem Äon erweitert. Die Große Wahl erweist sich als Angelpunkt nicht nur eines einzelnen Lebens, sondern eines Kreislaufs von Geburten.

Zusammen mit dem Mythos von Er wird das Enkomion auf das selige Leben des Gerechten zum Muster der dichterischen Inkantation, die von Platon nicht bloß zugelassen, sondern gefordert und geleistet wird. Denn sie ist es, die, als Ergänzung und Krönung der philosophischen Rede, mithilft, jenen »diamantenen Glauben« hervorzubringen, dessen wir in der Stunde der Prüfung bedürfen. Doch darf sich die poetische Bezauberung, wenn sie ihren Dienst richtig versehen will, nicht darauf beschränken, uns mit der Schönheit des vollkommenen Lebens zu entzücken. Nicht umsonst geht dieser Lust die Erfahrung des Leidens voran — dies der kompositorische Sinn der Glaukon-Rede im zweiten Buch. Denn eine verweichlichte, nicht durch Leiden in Zucht genommene Seele — durch eigenes und an anderen miterlebtes Leiden — neigt, so berichtet Er, zu unbesonnener Wahl (X 618 E, 619 D). Leiden (πόνοι) tritt als »Einübung« (γυμνασία) neben die Philosophie.

Aristoteles stellt die Möglichkeit der Tragödie in dem von Platon verneinten Sinn wieder her. Der Gerechte mag selbst nach einem reichen und wohlverbrachten Leben vom Unheil überwältigt werden wie Priamos. Zum Glück bedürfen wir außer der Tugend noch einer uns zugeschickten »Ausstattung« (χορηγία, ein Wort der attischen Bühnensprache), über die wir nicht Herr sind [90]. Platon leugnet die aristotelische Schlußfolgerung — die vermeintliche Unseligkeit des Gerechten —, nicht aber die Möglichkeit einer Konfiguration von Ereignissen, die ihr als Prämisse dient. Läßt er uns doch sogar einen Blick auf eine solche Konfiguration werfen — die Kreuzigung des Gerechten im zweiten Buch des *Staates*. Aber er verschmäht es, sich bei dieser erschreckenden Vision aufzuhalten, und versucht nicht, das tragische Entsetzen auf seinem eigenen Grunde zu besiegen. Würden wir die Schlacht auf dem Felde annehmen, welches nach platonischen Prinzipien eine wirkliche Entscheidung nicht zuläßt, dann wären wir schon besiegt, noch ehe der erste Schwertstreich getan ist. Platons eigene Dichtung, das Spiel vom wahren Glück und vom wahren Elend, ist weder frei von Schrecken, noch ist es unbekannt mit dem Spruch, daß »Leiden belehrt« (πάθει μάθος). Das Schreckliche jedoch lauert nicht in den Zufälligkeiten des Lebens, sondern in der Unwissenheit und Vergeßlichkeit der Seele.

Im *Gastmahl* wird der Wettstreit zwischen dem Tragiker und dem Philosophen beendet und entschieden durch den Richtspruch des Alkibiades, der einige von den Bändern, mit denen er soeben den schönen Agathon bekränzt hatte, fortnimmt, um das »erstaunliche Haupt« des Sokrates zu krönen [91]. Der zum Wettbewerb mit den tragischen Dichtern antretende

---

90) *Nikom. Ethik* I 10, 1100 a 5—9; 11, 1101 a 6—8. Die von Aristoteles, mit anti-platonischer Wendung und Hinweis auf die Tragödie, festgestellte Inkongruenz (im Verhältnis von Verdienst und Glück) liefert, so will mir scheinen, den Schlüssel zu dem vertrackten Problem der κάθαρσις in der Tragödien-Definition. Vgl. zu der Neubehandlung des alten Themas durch W. Schadewaldt o. Anm. 53.

91) Gerhard Krügers Interpretation des *Gastmahls* (*Einsicht und Leidenschaft — Das Wesen des platonischen Denkens*, Frankfurt/Main ²1948) bestätigt in mehr als einer Hinsicht unsere These. Krüger interpretiert die Rede des Aristophanes in diesem

Philosoph nimmt den Sterbegesang des apollinischen Schwans als Symbol der eigenen Musik in Anspruch. Aber er verkehrt ironisch dessen Sinn. Nicht einen Klagesang, so behauptet er, stimmt der prophetische Vogel an, nicht einen ϑανάσιμος γόος, wie Aischylos meinte [92], und gleichfalls ist es nicht wahr, daß, wie Verleumder behaupten, andere Vögel, wie die Nachtigall, die Schwalbe oder der Wiedehopf, einen Trauergesang von sich geben. Kein Vogel singt, wenn er friert oder hungert oder irgendeinen anderen Schmerz erleidet. Vielmehr eine freudige Wahrsagung hinterläßt uns der sterbende Schwan als seine ihm göttlich eingegebene Botschaft. Keine gründlichere Verwerfung der tragischen Klage läßt sich denken. Doch ist daran zu erinnern, daß diese kraß antitragische Behauptung der Krisis im *Phaidon* vorangeht: Simmias und Kebes schicken sich an, ihre Einwände gegen den Begriff von der Unzerstörbarkeit der Seele vorzubringen, und für eine Weile wird ein Hauch von Todesangst die um Sokrates versammelten Freunde verstören. Doch wenn auch Platons Dichtung sich fast verächtlich der Klagelaute enthält, so wurzelt sie nichtsdestoweniger in der Zweideutigkeit des Lebens, der die Tragödie entspringt. Freilich besiegt sie das Leid nicht dadurch, daß sie ihm Ausdruck gibt — sie tritt ihm mit dem Exorzismus inspirierter Vorwegnahme entgegen und läßt es untergehen in einer Bilderwelt, die in menschlicher Weise göttliche Vollendung antizipiert.

Der Stachel im Fleisch, die Frage des verschuldet-unverschuldeten Leidens, hielt das Denken in Atem und erlaubte ihm nicht, sich in den Grenzen einer bestimmten Ausdrucksform zu beruhigen. Sie zwang den Tragiker, über die traditionelle dichterische Form hinauszugreifen und sich einer philosophischen Versöhnung der Konflikte anzunähern, und sie bewegte Platon dazu, seine Dialektik mit einer mythischen Bilderwelt, der »wahrsten Tragödie«, zu krönen.

VI. Die Emanzipation des Individuums

Wir betrachten Tragödie und platonische Philosophie als aufeinanderfolgende Phasen eines Prozesses der Klärung und der Vermenschlichung.

Dialog als ›tragische Komödie‹, Agathons Rede als ›komische Tragödie‹, den Panegyrikos des Sokrates durch Alkibiades aber als σατυρικὸν δρᾶμα. Da die sokratische Tragödie in einem angemessenen Begriff von der Endlichkeit des Menschen wurzelt, umfaßt und übertrifft sie nach Krüger sowohl die Tragödie im traditionellen Sinn wie auch die Komödie. »Aristophanes und Agathon sind ihm (Sokrates) jetzt in gleicher Weise unterlegen; wenn Agathon als letzter einschläft, so kommt darin nur noch einmal zum Ausdruck, daß er als Tragiker der eigentliche Rivale des Philosophen war« (S. 308—9).

92) Aischylos, *Agam.* 1445; vgl. *Phaidon* 84 E—85 B.

Die ungetümen Verkörperungen dämonischer Kräfte, umwittert von urweltlicher Furcht, verdämmern allmählich, und die Vision von der Herrschaft höchster Weisheit und Gerechtigkeit nimmt Gestalt an. Die Übel dieser Welt jedoch lassen sich durch den Glanz der neuen Theophanie nicht ebenso auslöschen wie ihre angeblichen Urheber. Sie bestehen fort und fordern eine neue Erklärung. Da die Schuld am menschlichen Scheitern nicht länger eifersüchtigen Gottheiten, rachsüchtigen Dämonen oder einem unbarmherzigen Schicksal zugeschrieben werden kann, muß der Mensch sich selbst anklagen. Hand in Hand mit der Entwicklung der Theodizee geht das Wachstum eines Selbstbewußtseins, kraft dessen sich der Mensch als frei und verantwortlich handelnd fühlt. Auch hinsichtlich dieser zweiten Entwicklungslinie läßt sich feststellen, daß Platon über die Tragödie hinausgeht, aber in einer Richtung, in die schon die Tragödie gewiesen hat. Wieder wählen wir als Ausgangspunkt ein konkretes Interpretationsproblem. Im *Gefesselten Prometheus* erleichtert der rebellische Gott sein bedrängtes Gemüt vor dem mitfühlenden Chor der Okeaniden, indem er sich der den Menschen erwiesenen Wohltaten rühmt (248—251):

>   ΠΡ. θνητούς γ' ἔπαυσα μὴ προδέρκεσθαι μόρον.
>   ΧΟ. τὸ ποῖον εὑρὼν τῆσδε φάρμακον νόσου;
>   ΠΡ. τυφλὰς ἐν αὐτοῖς ἐλπίδας κατῴκισα.
>   ΧΟ. μέγ' ὠφέλημα τοῦτ' ἐδωρήσω βροτοῖς.

Prometheus: Die Menschen ließ ich nicht voraussehn mehr ihr Los.
Chor: Welch ein Heilmittel fandst für diese Krankheit du?
Prometheus: Hoffnungen, blinde, pflanzt ich ihren Herzen ein.
Chor: Höchst hilfreich war, was so dem Erdvolk du geschenkt.

(*Übers. Oskar Werner*)

Man kann diese Verse nicht einfach als eine Abwandlung des wohlbekannten Motivs der Sage von Pandora verstehen und mit George Thomson behaupten, hier läge keine Schwierigkeit vor: Prometheus ist der Geber von Hoffnung wie auch des Feuers [93]. Die Hoffnungen werden als blind gekennzeichnet, und die Blindheit, die sie verursachen, verbirgt den Tod vor den Augen des Menschen. Um den Wert dieser Gabe zu bestimmen, müssen wir sie als Teil des ‚philanthropischen Gesamtwerks' des Prometheus sehen.

Dieses Werk ist dreifältig. Zuerst schützte er die Menschheit gegen Zeus,

---

[93] In seiner kommentierten Ausgabe des *Prometheus* erkennt Wilamowitz das Problem, aber geht ihm dann mit einer genetischen Hypothese aus dem Weg. Seiner Ansicht nach gibt der antike Dichter gedankenlos Gedanken wieder, die ihm nicht gehören, zur Freude des modernen Philologen, der darauf aus ist, »Nachklänge älterer und verschiedener Konzeptionen« zu entdecken (*Aischylos-Interpretationen*, Berlin 1914, 149). Man vergleiche jetzt die aufschlußreiche Untersuchung von Kurt v. Fritz, *Pandora, Prometheus und der Mythos von den Weltaltern* (s. o. Anm. 74).

der ihre Vernichtung plante; dann schenkte er ihnen »blinde Hoffnungen«. Schließlich fügte er noch die Gabe des Feuers hinzu, Symbol und Quelle aller menschlichen Künste. Die prometheische Errettungstat bedeutet für den Menschen kein ungemischtes Glück. In jedem ihrer drei Aspekte zeigt sie sich als Segen, vermischt mit Mangel oder sogar mit Fluch. Der Mensch verdankt dem Prometheus das Überleben seines Geschlechtes. Aber wir sehen die Sache zu menschlich an — eine unangemessene Sicht für ein Spiel, in welchem Götter gegeneinander auftreten —, wenn wir glauben, die Erhaltung der Menschheit sei schlechterdings Gewinn. Prometheus lebt an der Grenze zweier Welten, ohne in einer von ihnen zuhause zu sein. Als Titan gehört er dem zum Untergang verurteilten Äon des Kronos an, dem vergangenen Zeitalter der Gesetzlosigkeit und der Gewalt. Zugleich ist ihm das Geheimnis des neuen Zeitalters der Vernunftherrschaft anvertraut. So ist er zum Deserteur der titanischen Sache und zum Ratgeber des Zeus geworden, und selbst nach seinem Abfall und dem Bruch mit Zeus besteht seine ihm in qualvoller Gefangenschaft verbliebene Macht in geheimem Wissen. Er allein kennt die Umstände, die dem Regiment des Zeus ein Ende bereiten können. Der zweideutige Charakter des Gebers spiegelt sich in seinen Gaben. Das Werk, aus übermäßiger Liebe für die Menschheit stammend, ist ein großartiger Notbehelf. Er macht uns zu Bürgern einer Welt, in der wir kein Geburtsrecht besitzen. Die Tat, die ihm zur Ehre zu gereichen scheint, ist zugleich ein Urteil über ihn und eine Rechtfertigung des Zeus. Zeus plante eine neue Menschheit aus besserem Stoffe. Ihn trifft keine Schuld an unserem Elend — ein Elend, das, dank Prometheus, weder zum Untergang führt, noch auch einer düsteren Großartigkeit entbehrt. Nach seinem eigenen Bild formte der aufrührerische Gott den Menschen [94].

Die gleiche Beobachtung trifft auch auf die dritte Gabe zu, das Feuer und die Künste, die wir ihm verdanken. Diese Künste umfassen die gesamte Zivilisation: sie reichen von der grundlegenden menschlichen Fähigkeit, bestehend im angemessenen Gebrauch der natürlichen Werkzeuge, der Sinnesorgane, bis hinauf zur Kunst der Wahrsagung und der Vogelschau, die dazu bestimmt sind, dem Menschen ein Maß von Herrschaft über Zukünftiges zu sichern. Aber eine offensichtliche Lücke klafft im stolzen Katalog der Künste, deren Erfindung Prometheus für sich in Anspruch nimmt. Die Kunst der Herrschaft und Gesetzgebung, von hervorragender

---

94) Der Gedanke, daß, auf einem bestimmten Niveau des vielschichtigen Symbolismus des Stückes, Prometheus den Menschen symbolisiert, ist entwickelt worden von David Grene, *Prometheus Bound*, Class. Philology 35, 1940, 22—38. Grene übersieht jedoch das Element der Theodizee, das mit Recht K. Bapp in seinem Artikel über *Prometheus* in Roschers *Lexikon der Mythologie* (3063) betont hat.

Bedeutung im Denken des 5. Jahrhunderts, bleibt unerwähnt. Diese Auslassung können wir weder als zufällig noch als unbedeutend ansehen, besonders dann nicht, wenn wir an ihr jüngeres Gegenstück denken, die platonische Fassung der Sage im Dialog *Protagoras*. Hier muß die politische Kunst, die dem Prometheus unzugänglich ist, von Zeus selbst gewährt werden, und zu diesem Behuf beschenkt er das Menschengeschlecht mit heiliger Scheu und Rechtsempfinden (αἰδώς καὶ δίκη, 322 C). Weiterhin fehlt unter den prometheischen Künsten bei Aischylos jenes Wissen, das Göttliches mit Menschlichem verknüpft — die Kunst des Gottesdienstes und des Opfers, die im griechischen Bewußtsein der politischen Kunst als wesentlicher Bestandteil zugehört. Die von Prometheus begründete Zivilisation sollte die Menschheit befähigen, ihr Leben in Selbständigkeit zu gestalten, trotz Zeus und den Olympiern. Ihre Wissenschaft war eine Waffe der Selbstverteidigung, ein praktisches, nicht ein religiöses oder spekulatives, und überdies ein friedloses und dadurch sich selbst zerstörendes Wissen: sie wußten nicht miteinander umzugehen.

Aus diesen Überlegungen ergibt sich ein Verständnis der »blinden Hoffnungen«. In dieser Gabe erblicken wir den Triumph der prometheischen Kunst, die den Menschen zum Herren und Meister seines Lebens macht. Zugleich aber rückt sie die Grenzen dieser Kunst ins Licht. Der Mensch, zu einem Wissen erwacht, das wesentlich Vorauswissen ist, kann nicht umhin, seine eigene unausweichliche Zerstörung vorauszusehen. Dies ist die »Krankheit«, von der die Okeaniden sprechen, dies die dem menschlichen Werkmeister gesetzte unüberwindliche Schranke, von welcher der Chor in der Sophokleischen *Antigone* singt:

> Der für alles Rat weiß, der
> Unverlegen geht an Künftiges — vor dem Tod hilft ihm
> Kein Spruch zum Entrinnen [95].

Prometheus, »der große Sophist« (*Prom.* 62), vollbrachte das Unerhörte. Er erfand für seine Schützlinge den Spruch, kraft dessen sie dem Tod entrinnen. Zwar konnte er den Tod selbst nicht töten. Aber er nahm ihm seinen Stachel, die Todesfurcht. Er verhüllte seinen entsetzlichen Anblick mit einem Schleier eitler Hoffnungen. Solcher Segen aber gleicht einem Betrug. Denn es bleibt, trotz dem Glanz ihrer Künste, den Eintagsgeschöpfen ihre armselige Ohnmacht, die »kraftlos, einem Traum gleich, dieses Erdvolks so ganz blindem Geschlechte den Fuß hemmt« (546—50, nach O. Werner).

Die hier vorgeschlagene Interpretation ist bestenfalls nicht mehr als eine

---

95) Soph., *Antigone* 359—61. Mit Schneidewin lese ich ἐπάσεται statt ἐπάξεται. Dadurch ergibt sich eine sinnvolle Anknüpfung an den Strophenbeginn, der die Sprache an die Spitze der menschlichen Errungenschaften stellt.

einleuchtende Möglichkeit. Jeder weitere Schritt im Zwielicht unserer fragmentarischen Kenntnis der *Prometheia* führt zu bloßer Spekulation. Zahlreiche Fragen bedrängen uns. Der Prometheus im *Vinctus* ist unter anderem ein Monumentalbild des Menschen. Brachte der geläuterte Charakter des Prometheus im *Feuerträger* einen entsprechend veredelten Begriff vom menschlichen Leben mit sich? Ist nicht vernünftigerweise anzunehmen, daß die Versöhnung zwischen Zeus und Prometheus die Einweisung des Menschen in die olympische Welt zur Folge hatte? Und sollten wir uns nicht diese Einweisung als eine freie und ehrfürchtige Annahme der Zeus-Herrschaft vorstellen, die nun an die Stelle der trotzigen Selbstbehauptung des Künstler-Menschen im *Vinctus* getreten ist? Und wenn all dies bejahend beantwortet werden darf, dann erhebt sich eine letzte Frage: Würde der Verlust seiner Illusion dem Menschen ein besseres Heilmittel für seine »Krankheit zum Tode« verschaffen, vielleicht dadurch, daß er ihm den Weg öffnet zu der von Aischylos ins Auge gefaßten Lösung — zu einem durch Leid erworbenen Wissen? Und wird diese tragische Weisheit schließlich von »zuversichtlichen Hoffnungen« (*Prom.* 536—37), die nicht trügen, gekrönt sein?

Es ist an der Zeit, eine etwas waghalsige Gedankenlinie abzubrechen und den Hauptfaden der Beweisführung weiter zu spinnen. Die Idee, daß Prometheus den Menschen das Vorwissen vom Tode entzogen habe, ist ohne Parallele in der Überlieferung der Sage mit der einen Ausnahme des platonischen Dialogs *Gorgias* (523 D). So dürfen wir mit gutem Grund annehmen, daß Platon hier von dem Tragiker geborgt hat. In eine völlig andersartige Gedankenwelt versetzt, nimmt das identische Motiv eine neue Bedeutung an. Die Umwertung, die es beim Übergang von Aischylos zu Platon erfährt, darf als symbolisch für die Beziehung zwischen dem Tragiker und dem Philosophen angesehen werden.

Dem Prometheus wird im Mythos am Ende des *Gorgias* eine Nebenrolle zugeteilt. Als ein Untergeordneter im Verhältnis zu Zeus wirkt er mit bei der Reform des Jüngsten Gerichts. Bis zu dieser Zeit hatten die Menschen in ihrer leiblichen Gestalt vor lebenden Richtern zu einem vorher angesagten Termin zu erscheinen. Da bei dieser Art der Rechtsprechung vielerlei Irrtümer unterliefen, beschloß Zeus, das Verfahren zu ändern. Von nun an sollte sich die Seele vor ihren Richtern nicht in der Hülle des Leibes, sondern nackt zeigen, und die Richter ihrerseits sollten ihres Amtes als vom Leibe befreite Seelen walten. Vor allem, erklärte Zeus, »muß die Vorankündigung des Todes an die Menschen unterbleiben. Denn jetzt wissen sie ihn voraus. Prometheus hat bereits die Weisung erhalten, dem ein Ende zu setzen«. In diesem platonischen Bericht wird das Vorwissen eingeengt zur Kenntnis der vorbestimmten Todesstunde. Der Tod selbst aber wird nach Art der orphischen Religiosität nicht als Verhängnis betrachtet, sondern als die Befreiung der Seele vom Leib — zugleich als ihre Enthüllung vor dem Auge des obersten Richters. Hinfort muß sich der Mensch, ahnungslos vom Tod überfallen, dem Richter so darstellen, wie er ist, nicht wie er zu erscheinen wünscht. Keine billige Bekehrung mehr vor Toresschluß — für die Nacktheit der Seele sorgt jetzt, als Handlanger des Himmelsgottes, Prometheus, der sie des schädlichen Vorwissens entkleidet. Wir müssen begreifen: der Gedanke einer letztgerichtlichen Untersuchung und Aburteilung der Seele im Mythos von Er wie auch in der Eschatologie des *Gorgias* ist die mythisch-dichterische Widerspiegelung des Aktes, der die verborgene Mittelachse der platonischen Dialoge bildet — der Wahl des wahren Lebens. Die Untersuchung verhält sich zu der getroffenen Wahl wie nach orphischem Glauben das postmortale Urteil zu der Einweihung des Gläubigen während seines Erdenlebens. Denn die richterliche Erforschung der Seele in ihrer Blöße enthüllt die Entscheidung, welche die Seele ganz bei sich selbst auf Grund einer Unterscheidung getroffen hat; und diese Entscheidung ist, nach der Formulierung im *Gorgias* (500 C), die durch Begriffsunterscheidung (διαίρεσις) vorbereitete Vorzugswahl zwischen dem philosophischen und dem rhetorischen Lebenstypus. Ja, das urbane Fragespiel des Dialogs selbst, für welches, in einem platonischen Bilde gesprochen, die Teilnehmer sich entkleiden müssen wie für einen Ringkampf[96], ist eine Präfiguration des Gerichtstags im Jenseits. Denn es liegt im Wesen der dialektischen Probe, daß in ihr nicht nur die Argumente, sondern zugleich die Argumentierenden geprüft werden.

In der platonischen Fassung der Sage leistet Prometheus einen wichtigen Dienst. Durch Ausmerzung eines ungehörigen Wissens stellt er die Freiheit und Verantwortlichkeit des handelnden Menschen wieder her. Bei Aischylos findet sich das gleiche Sagenmotiv mit demselben Problem verknüpft, doch in umgekehrtem Sinn. Nach unserer Interpretation verstellt der aischyleische Prometheus durch trügerische Hoffnung dem Menschen eine Voraussicht, die allein fähig wäre, ihm, freilich in schmerzhafter Weise, den Weg zu befreiender Erkenntnis zu öffnen; und wir dürfen vermuten, daß Prometheus im Schlußteil der Trilogie auf Verlangen des Zeus eben jenes Vorauswissen des Todes wiederherstellt. Wenn diese Vermutung zutrifft, dann hat Platon sein besonderes Vergnügen darin gefunden, die Konzeption des Tragikers auf den Kopf zu stellen — was ihm keineswegs unähnlich sieht. Im gegenwärtigen Zusammenhang kann die Differenz der beiden Fassungen als ein Kryptogramm angesehen werden, das durch folgende Überlegung zu entziffern wäre. Die beiden verschiedenen Fas-

---

[96] *Theaitet* 162 B.

Die wahre Tragödie

sungen der Sage deuten auf zwei entsprechende Typen des Freiheitsbewußtseins. In der Tragödie wird das Selbstbewußtsein des verantwortlich Handelnden angesichts von Leiden und Zerstörung gewonnen; bei Platon hingegen entspringt es der Einsicht in die sittliche Entscheidung, vor der Leiden und Zerstörung ihre Wichtigkeit einbüßen. Unsere Behauptung aber besagt, daß diese beiden typischen Bewußtseinsformen zwei einander folgende Phasen eines Entwicklungsvorganges darstellen. Da das in Vorbereitung der These angerufene Symbol zu Zweifeln Anlaß gibt, muß der skeptische Leser um Suspendierung seines Urteils gebeten werden. Bei aller Fraglichkeit als Beispiel kann doch die Prometheus-Geschichte als symbolischer Fall gültig sein.

Von einem Wachstum des Freiheitsbewußtseins im griechischen Denken zu sprechen, mag als Modernismus Verdacht erwecken. In der Tat kennt das griechische Vokabular keine Entsprechung zu dem modernen Begriff von Freiheit. Dennoch kann eine gelegentliche Verwendung des modernen Begriffswortes als Mittel der Verständigung legitim sein, freilich nur dort, wo der Zusammenhang seinen unzweideutigen Sinn gewährleistet. Wenn nach den griechischen Ausdrücken gefragt wird, dürfen wir die Begriffe von »freiwillig« (ἑκών) und »Wahl« (αἵρεσις) als Brennpunkte der Untersuchung nennen. Unter Absehung von seinem sprachlichen Ausdruck läßt sich das Problem selbst in Kürze folgendermaßen kennzeichnen. Handeln heißt: eine Wahl treffen zwischen den durch eine Situation angebotenen Möglichkeiten. Zur Entwicklung eines Bewußtseins dieser elementaren Wahrheit bedarf es keiner besonderen Aufklärung: es ist bereits in jedem primitiven Bericht enthalten. »Agamemnon erlaubte den Griechen, seine Tochter Iphigenie am Altar der Artemis zu opfern«. Das Wort »erlaubte« besagt: Agamemnon hatte die Möglichkeit, dem Orakelspruch den Gehorsam zu versagen. Aber das Bewußtsein des Handelnden kann gradweise verschieden gedacht werden. Wir können uns einen Agamemnon vorstellen, der ohne Zögern handelt, gefügig der Stimme, die vermeintlich das unerbittliche Gebot der Stunde ausspricht. Oder wir denken ihn uns zaudernd, in der Brust den Kampf zwischen Vaterliebe und der Verantwortung des Heerführers, fast schon bereit, die Wahrhaftigkeit des Orakels in Frage zu stellen, bis er sich am Ende zu dem Entschluß durchringt, der ihm als Lösung eines quälenden Problems erscheint. Schließlich eine dritte Variation: Die Entscheidung wird als der Wendepunkt im Leben des Helden begriffen; Bestand oder Zerstörung seines Charakters steht auf dem Spiel. Je nachdem seine Entscheidung ausfällt, wird sie die Bekräftigung oder Abschaffung eines blutigen Ritus bedeuten, der sich im gegenwärtigen Fall zum Werkzeug eines erblichen Fluches macht. So ergibt sich je nach Intensität oder Tiefe eine ganze Stufenleiter von Abwandlungen, von dem flachen Bewußtsein des Chronisten, in dessen Augen die menschlichen Taten Stunde für Stunde hervorsprießen wie die Knospen im Frühling, bis hin zu jener Entscheidungstiefe, in welche der jüdische Mystiker mit frommem Schauder blickt: »Die Welt ist nur um der Wahl und des Wählenden willen geschaffen worden« [97]. Auf dieser Skala sollen die Position des tragischen Helden und die des platonischen Dialektikers verzeichnet werden. Die Intensivierung dieses Bewußtseins ist es, die gewöhnlich als Reifung des Persönlichkeitsbewußtseins beschrieben wird oder als Vertiefung des Selbstbewußtseins oder schließlich, mit einem durch Hegel berühmt gewordenen Ausdruck, als »Fortschritt im Bewußtsein der Freiheit« [98]. Und je nach Gelegenheit und Zusammenhang werden im folgenden diese oder ähnliche Bezeichnungen zu verwenden sein.

Das eben umrissene Problem überschneidet sich mit dem Gedanken einer Theodizee, ohne mit ihm identisch zu sein. Homer z. B. begrenzt das Verursachtsein durch die Götter, um diese zu entlasten. Aus dem Munde des Göttervaters erfahren wir, daß sich der Übeltäter, durch Übermut angestachelt, über die ihm zugewiesene Rolle hinaus schuldig gemacht hat. So ist er selbst verantwortlich für die Katastrophe, die ihn ereilen sollte. Und an anderer Stelle lesen wir von den Freiern, es hätten sie überwältigt »Moira *und* ihre eignen Freveltaten« [99]. Die Scheidung, Nebeneinanderstellung und gegenseitige Begrenzung von menschlicher und göttlicher Kausalität, die sich auch in der Tragödie wiederfindet, wird jedoch als Merkmal eines Typus von moralischem Selbstbewußtsein erst dann bedeutsam, wenn wir sie im Zusammentreffen mit anderen Symptomen zu beobachten und zu beurteilen in der Lage sind. Ebensowenig fällt unser Problem mit dem des »freien Willens« zusammen. Die letztere Frage artikuliert sich erst in dem Augenblick, da das Verantwortungsgefühl herausgefordert wird durch einen radikalen Fatalismus oder einen philosophischen Determinismus. Aber diese Vorbedingung bleibt während der ganzen klassischen Ära des Griechentums unerfüllt. So muß das eigentlich authentische Zeugnis für den uns interessierenden intellektuellen Prozeß in erster Linie im Selbstausdruck des handelnden Menschen in der Dichtung gesucht werden.

Gilbert Norwood schreibt über die herausfordernde Größe des tragischen Helden: Eine machtvolle Gemütsbewegung im Helden »erzeugt Drama

---

97) Rabbi Nachman von Bratzlaw, nach M. Buber, *Die chassidischen Bücher*, Hellerau 1928, 33.
98) G. W. F. Hegel, *Vorlesungen über die Philosophie der Geschichte*, Sämtl. Werke XI, Stuttgart, ³1949, 46.
99) *Odyssee* I 33–34; XXII 413. Vgl. W. C. Greene, *Fate, Good and Evil in Early Poetry*, Harv. Stud. in Class. Philol. 46, 1935, 9.

durch die großartig-finstere Entschlossenheit, mit welcher der Wille, ausgelöst und gelenkt durch die innere Erregung, erbarmungslos vorandrängt in seinem Versuch, dem ursprünglichen Impuls Genüge zu tun. Nichts scheint ihm so teuer wie ein Vorsatz, welcher, der kalten Vernunft ebenso hohnsprechend wie den Vermahnungen der Zuträglichkeit, ihn als durchaus ungebrochen zeigt«[100]. Diese prägnanten Sätze mögen als Text dienen, der den in Frage stehenden Sachverhalt ins Licht rücken kann. Zunächst bedenken wir »die großartig-finstere Entschlossenheit« (the magnificent pathetic staunchness), mit welcher der Wille vorandrängt — ein Zug, den wohl kein Leser der griechischen Tragödie übersehen kann. Dabei sollten wir den *Willen* betonen im Unterschied von Trieb oder Drang. Sind doch die Handlungen des Helden emphatisch *gewollt*, mit hellem Bewußtsein ihrer Bedeutung und ihrer Folgen. »Mit Willen, mit Willen tat ich's, und ich leugn' es nicht!« ruft Prometheus aus (*Prom.* 266). Solches Bewußtsein ist zugleich Voraussicht des Leidens. Prometheus sah seine Strafe voraus, wenn auch nicht in ihrem ganzen Umfang. Antigone wußte, daß der Tod sie erwartete als Sühne ihrer Tat[101]. Der unbeugsame Wille verbündet sich mit Unerschrockenheit angesichts der entsetzlichen Wahrheit, oder er steigert sich zu solcher Tapferkeit wie im *König Ödipus*. Wie der Prediger Salomo, so kennt auch die Tragödie ein Wissen, das voll des Grämens ist[102]. Da der Held seine Tat mit all ihren Folgen will, will er auch sein Leiden. Die freiwillige Hinnahme des Schmerzes steigert sich bisweilen, besonders im *Prometheus*, aber auch in der *Elektra* und im *Oedipus Rex* des Sophokles, zu einem düsteren Eifer, ja zur Wollust der Qual. Eine furchtbare innere Spannung entlädt sich in zwei sich polar zueinander verhaltenden Ausdrucksformen: in Tat und Klage. Der Wille aber, die Wucht eines leidenschaftlich gesammelten Daseins, weit davon entfernt, durch die reichlich strömende Wehklage geschwächt zu werden, nährt sich vielmehr von der brodelnden Erregung, in welcher Entsetzen und Angst sich mit Hoffnung vermischen.

In der nahezu freudigen Umarmung des Schmerzes ist keine Spur von Perversion, vielmehr ein Gefühl der Sühnung, das sich mit dem Leidensbewußtsein verbindet. Aber auch dieser Satz nähert sich schon der Übertreibung. Die greifbare Tatsache, die uns etwas wie einen »Willen zum Leiden« spüren läßt, liegt in dem Schuldbewußtsein, das in einigen Fällen dem Selbstverständnis des Handelnden beigemischt ist. Diese Schuld, höchst mannigfaltig ihrer Erscheinungsform nach, entspringt doch immer und unfehlbar ein und demselben Wesensgrund. Letzten Endes ist die

---

100) Gilbert Norwood, *Greek Tragedy*, London ²1928, 178 (vgl. ⁴1948).
101) Sophokles, *Antigone* 72.
102) Aischylos, *Hiketiden* 453.

Übertretung stets verursacht durch hochfahrenden Stolz, *hybris*. So seltsam es scheinen mag: Verschulden und Größe des Helden stammen aus der gleichen Wurzel. Die leidenschaftliche Intensität, um deretwillen wir ihn bewundern – sie selbst ist Ausfluß der *hybris*.

Der tragische Held verachtet die Opportunität und den Nützlichkeitskalkül. In der *Elektra* des Sophokles wird der Gegensatz zwischen dem Kampf des Protagonisten für das Rechte und der bloß selbstsüchtigen Abwägung von Nutzen und Schaden, zwischen δίκη und βλάβη (1042), mit einer dialektischen Schärfe herausgearbeitet, welche die sokratischen Unterscheidungen vorwegnimmt. Doch ist die Ordnung, über die der Held sich verächtlich hinwegsetzt, im allgemeinen mehr als eine nützliche Konvention. Der Hintergrund, der die Maßlosigkeit des heroischen Willens in Erscheinung treten läßt, ist vielmehr eine Welt von unbestrittener Heiligkeit. Diese Welt, welche Natur und politisches Leben gleichermaßen umfaßt, ist beherrscht durch ein Gesetz des Maßes und Gleichgewichts. Innerhalb dieser distributiven Ordnung muß sich jedes Seiende, gemäß dem ihm zugeteilten Platz und Rang, streng auf seine eigene Sphäre begrenzen; sonst fällt es der Zerstörung anheim. Durch Vernichtung des Störenfrieds stellt die Welt ihr durch dreisten Übergriff für eine Weile gestörtes Gleichgewicht wieder her. Dieses Universum, als lebendige Anschauung gegenwärtig in den homerischen Gedichten, von Anaximander in einer Formel zusammengefaßt, durch die Ionier von Thales bis Anaxagoras theoretisch entfaltet, erkennbar bei Herodot, kraftvoll lebendig bei Solon, in seiner monumentalen Einfachheit die Epitome frühhellenischer Weisheit – der so verstandene Kosmos wird auch von der Tragödie anerkannt und geehrt. Die Unzulänglichkeit der Charaktere, die sich die Rolle seines Anwalts anmaßen, wie der unreife Zeus im *Gefesselten Prometheus* oder Agamemnon und Menelaos im *Ajas*, gilt nicht als Einwand gegen seine Heiligkeit; wird sie doch von dem Helden selbst noch im Akt der Übertretung anerkannt. In der zitierten düsteren und triumphierenden Verszeile erklärt Prometheus, daß er mit Willen »sich verfehlt« habe (ἥμαρτον). Selbst in der Raserei seines Aufbegehrens wagt er nicht, die Legitimität der Zeusherrschaft zu bezweifeln – des Inbegriffs einer auf Maß und Gleichgewicht beruhenden Weltordnung. Ein Unterton bitterer Verachtung mag mitschwingen, wenn Ajas, in Versen, berühmt durch ihre Verbindung tragischen Prunkes mit philosophischer Vision, das Bild kosmischer Kräfte beschwört, die alle den bestallten Würdenträgern Gehorsam leisten, während sie sich in der vorbestimmten Ordnung alternierender Gegensätze bewegen, schon in ihrem Aufgang bereit zum Untergang – das Bild einer Welt, die zu verlassen er sich entschlossen hat[103]. Aber auch seine zornige Nichtachtung ist gemäßigt durch Anerkennung der Realität eben dieser Welt. Ohne Bedauern trennt er sich von ihr, aber er verneint sie nicht. In ähnlicher Weise weiß Elektra sehr wohl, daß sie das Gesetz adligen Dekorums und weiblicher Zurückhaltung verletzt. Da die Umstände ihres Lebens geprägt sind durch »das Furchtbare« (τὸ δεινόν), sieht sie sich zu furchtbaren Taten gedrängt, und sie vollbringt sie ohne Wanken (*El.* 221—25). Mäßigung und fromme Scheu wären fehl am Platz im Übermaß der Bedrängnis (307—9). Aber für Elektras Empfinden bleiben diese Tugenden, obwohl suspendiert, dennoch Tugenden, und ihrer zu ermangeln bleibt Verfehlung.

Das Bewußtsein des tragischen Charakters birgt in sich Schuld wie auch Leiden. Seine Bereitschaft, schuldig zu werden, gibt seiner Sprache einen Ton der Herausforderung, durch den sie uns ins Herz schneidet. Doch dieser tragische Trotz ist genauso frei von Wollust im Übeltun wie das tragische Leiden vom krankhaften Genuß des Schmerzes. Der Held, der seine Schuld will und annimmt, tut so um einer Vollbringung willen, die größer ist als die Schuld. Nicht aus leichtherziger Kühnheit verletzt er die Grenzen weiser Selbstbeschränkung, sondern aus Großherzigkeit im Dienst eines zwingenden Ziels. So wird er, obwohl er seine Schuld erkennt, zugleich fühlen, daß ihm Unrecht geschieht; und dies Unrecht wird ein integrierender Bestandteil des kummervollen Loses sein, das hinzunehmen er nach dem Zeugnis seiner Taten bereit ist. Das sind unvereinbare Widersprüche, pointiert zum Ausdruck gebracht durch Antigones Wort von der »frommen Schuld« (ὅσια πανουργήσασ’) [104]. Die unbeugsame Festigkeit des heroischen Willens ist nichts weniger als Starrheit, und sie bewegt uns, weil sie selbst die lebendige Bewegung ist, die sich über den Tumult widersprechender Motive — Recht und Unrecht hoffnungslos ineinander verschlungen — triumphierend erhebt. Die Einheit des ungebrochenen Willens

---

103) Sophokles, *Ajas* 646—77. Dies ist nicht der Ort für einen Überblick über die Kontroverse, die durch die Zweideutigkeit dieser Verszeilen veranlaßt worden ist und an der Welcker, Ulrich von Wilamowitz-Möllendorff, Tycho von Wilamowitz-Möllendorff und R. C. Jebb als vornehmste Sprecher beteiligt waren. Eine Zusammenfassung findet sich bei W. Schadewaldt, *Sophokles — Ajas und Antigone*, Neue Wege zur Antike 8, 1929, 70—82. Die Darlegung im Text folgt Karl Reinhardt, dessen Interpretation der umstrittenen Verse mich überzeugt hat (*Sophokles*, Frankfurt/Main 1933, 33—37).

104) *Antigone* 74. Bekanntlich hat die »fromme Schuld« der sophokleischen Antigone Pate gestanden bei Hegels Theorie des Tragischen als entspringend aus »schuldloser Schuld«. In der Tat liegt ein Gegensatzverhältnis vor: das gebrochene Bewußtsein der Antigone bringt ein wissendes Unwissen zum Ausdruck, die Lehre von der schuldlosen Schuld ein welthistorisches Allwissen. Vgl. Hegel, *Phänomenologie des Geistes*, Sämtliche Werke II, Stuttgart ³1951, 360—67; *Vorlesungen über die Ästhetik*, Sämtliche Werke XIV, Stuttgart ³1954, 526 ff., 552 ff., 556. Nach Hegel vertritt Antigone ein älteres, in der Familie und Sippe wurzelndes Recht, Kreon das neue politische Prinzip. Doch das trifft nur in einem oberflächlichen Sinn zu. Für den Tragiker ist das Alte die Maske einer die archaische Disziplin der Polis sprengenden ›modernen‹ Gesinnung.

ist die Frucht eines in sich gespaltenen Bewußtseins: der Held agiert — um eine zuvor gebrauchte Formel wiederaufzunehmen — in metaphysischem Dunkel. Das erklärt den Zustand des fieberhaften Gefühls, der sich in eine reich orchestrierte Sprache umsetzt. Die Erregung würde sich legen, wäre das ins Auge gefaßte Ziel solcher Art, daß es den unruhigen Argwohn der Vernunft stillen könnte. Statt dessen wird sie durch fortdauernde Ungewißheit immer neu aufgestört. Der Grundton der tragischen Gemütsbewegung ist Furcht oder vielmehr Schrecken. Darin vermischt sich die Vorwegnahme des Leidens mit dem frommen Schauder angesichts der Verletzung heiliger Beschränkungen. Eine letzte Vergeistigung des Gedankens der Hybris tritt uns entgegen. Nach altem Glauben verletzen die Errungenschaften der menschlichen Zivilisation — die Ummauerung der Stadt, das Graben eines Brunnens, das Überbrücken eines Flusses — ein dämonisches Hoheitsgebiet, und deswegen müssen sie durch Opfer gesühnt werden. Der dichterische Ausdruck tragischen Entsetzens mag als sprachliches Sühneopfer gelten für einen äußersten Akt menschlicher Selbstbehauptung. Dieser Akt durchbricht nicht irgendeine bestimmte Schranke, sondern er enthüllt eine menschliche Größe, die über die Welt der Beschränkungen in ihrer Gänze hinauswachsen will: dieser Welt Trotz bietend, behauptet sie sich um den Preis der Selbstvernichtung.

Der in der Tragödie wirkende Zusammenhang von Geglaubtem und Gedachtem läßt sich nicht in ein philosophisch-begriffliches Schema übersetzen. Er ist geladen mit Antinomien, über deren Sinn wir nur unzulänglich belehrt werden. Aber zugleich ringt die Tragödie um intellektuelle Klarheit. Ihre Schönheit ist ein Dokument des siegreichen Vordringens zu einer erleuchteten Form des Bewußtseins. Die antiken Tragiker waren Dichter, aber auch Denker. Als Dichter (um die Sprache einer künstlichen Unterscheidung weiter zu gebrauchen) brachten sie einen antinomischen Gemütszustand zum Ausdruck. Als Denker versuchten sie, die Antinomien aufzulösen. Deswegen konnten wir von der Tragödie sagen: sie überschreite sich selbst in Richtung auf Philosophie. Soweit wir das auf Grund der überlieferten Dramen beurteilen können, ist das Schema der dramatischen Trilogie bei Aischylos bestimmt durch die Selbst-Transzendenz des Tragischen innerhalb der Tragödie. In ihrem Fortschritt erhebt uns die Fabel schließlich in eine befriedete Wirklichkeit: die Furien verwandeln sich in Fruchtbarkeitsgötter, und die Schatten des tragischen Grauens entweichen in den Zeitenhintergrund. In einer weniger durchdachten und begrifflich faßbaren Form läßt Sophokles einer von undurchdringlichem Dunkel umwölkten Vision eine lichte Erscheinung folgen. Wir denken an die theatralische Theophanie — den *deus ex machina* im *Philoktet* oder an Theseus im *Ödipus auf Kolonos*, den idealen König, Vorwegnahme des platonischen

Porträts eines Philosophen-Herrschers. Verglichen mit dieser Lösung erscheinen das glückliche Ende in der *Elektra* und die Friedensstiftung durch Odysseus im *Ajas* als dramatische Kunstmittel, die in unzulänglicher Weise einer tiefempfundenen Notwendigkeit zum Ausdruck verhelfen.

Jeder freiwillige Akt entspringt einer Wahl zwischen Möglichkeiten. Die tragische Handlung, als emphatisch gewollt, ist von einem erhöhten Wahlbewußtsein belebt — einem Bewußtsein, das sich normalerweise aus einem Konflikt der Motive ergibt; und ein potentieller Konflikt liegt der Spannung zugrunde, die sich in der Handlungsfolge auswirkt und den tragischen Charakter zur Entfaltung bringt. Das Problem, das ihn quält und voranpeitscht, kann ihn an den Rand des Wahnsinns bringen. In einzelnen besonders aufschlußreichen Fällen kommt der latente Konflikt in einer Krise zum Ausdruck, in der Situation der Wahl im gesteigerten Sinn des Wortes: zur Wahl steht nicht eine Verhaltensweise, sondern eine Lebensart. Der Wille kommt für einen Augenblick zum Stillstand. Im Angesicht einer Alternative — zwei Lebensbahnen öffnen sich, beide umlagert von Schrecken und möglicher Schuld — muß eine Entscheidung erreicht werden. So entspringt der grundlegende Willensakt, der dann im Bewußtsein der Freiwilligkeit bejaht und wiederbejaht werden wird. »Ich wollte es, die Tat ist mein — ich leugne es nicht«. Die Angst jener kurzen Pause, des Augenblicks der äußersten Kontraktion des Willens, die seinem Vorschnellen in eine noch unbestimmte Richtung vorangeht, verlautbart sich in der Frage: »Was soll ich tun?« (τί δράσω;)[105]. Die abgründige Tiefe der Verlegenheit entspricht der Energie des Willens, der schließlich den toten Punkt durchbricht und sich seinem Ziel entgegenwirft. Das klassische Beispiel der dialektischen Situation — die äußerste Ratlosigkeit umschlagend in äußerste Entschiedenheit — findet sich in den *Weihgußträgerinnen*: Orest zagt und zögert, ehe er sich zum Muttermord entschließt. Andere, weniger ausgeprägte Beispiele begegnen in den *Schutzflehenden* und den *Sieben gegen Theben*[106]. Und einen Reflex der ursprünglichen Wahl erkennen wir in der Wahl, die Antigone der Ismene und Elektra der Chrysothemis aufdrängt. In die Vergangenheit gerückt bildet sie den Mittelpunkt der Fabel in den *Persern*: wieder und wieder werden wir an die falsche Entscheidung erinnert, die Xerxes getroffen hat[107]. Die stählerne Härte des heroischen Willens zeigt sich allenthalben in der antiken Tragödie als dialektischer Gegenschlag, geführt in Abwehr einer überwältigenden Erfahrung, als Antithesis zu einer mit lähmenden Antinomien überladenen Thesis.

Die Einheit und Großartigkeit der tragischen Charaktere sind nicht einer

---

105) Aischylos, *Choephoren* 899.
106) *Hiketiden* 379; *Sieben* 1057.
107) *Perser* 372—3. 454. 553. 749. 782. 808.

subtilen Psychologie zu verdanken. Darin können die antiken Autoren mit ihren modernen Nachfolgern nicht wetteifern. Jene Großgesinntheit besteht vielmehr in dem Mut, mit dem die Person zu sein entscheidet, was sie ist oder zu sein hat. Die Unabhängigkeit des tragischen Charakters kann am besten mit dem Epitheton beschrieben werden, das der Chor, schaudernd und vorwurfsvoll, auf Antigone anwendet: er ist »autonom« (αὐτόνομος), lebend unter einem Gesetz eigener Wahl (*Ant.* 821). Er ist einsam. Frei darf er genannt werden, wenn wir das Wort in dem Sinne nehmen, der sich aus der vorangehenden Analyse ergibt; und dann allerdings dürfen wir die Tragödie das Dokument einer neuen Freiheit nennen. Diese Freiheit schließt weder göttliche Mitwirkung noch ein zwingendes Schicksal aus. Für Orest ist die Ermordung seiner Mutter seine eigene Tat und zugleich die Tat Apollons (*Choeph.* 436—37). »Deine Taten zwingen mich, so zu handeln«, sagt Elektra zu Klytaimnestra (*El.* 619—20). Das Bewußtsein der Freiheit verträgt sich nicht nur mit dem Bewußtsein, Zwang zu erleiden — es erwacht und wächst unter dem Druck zwingender Gegenkräfte. Darin liegt kaum eine Paradoxie. Das Gefühl der Gewißheit, das eine Manifestation unserer Freiheit begleitet, drücken wir gern mit den Worten aus: »Ich muß!« Freiheit, wir wiederholen es, ist hier zu verstehen als Akt entschlossener Selbstaffirmation.

Bruno Snell gegenüber, der mit Nachdruck auf Erwägung und Entscheidung als Momente im Aufbau der Tragödie aufmerksam machte, ist darauf hingewiesen worden, daß sich das Motiv bereits bei Homer findet[108]. Verlegenheit angesichts einer praktischen Alternative, langes Zögern und ein Hin-und-her-Überlegen, das schließlich durch das Überwiegen des stärkeren Motivs beendet wird — das ist in der Tat eine bei Homer häufig begegnende Situation. Doch muß der Einwand zurückgewiesen werden, nicht freilich ohne eine vorausgeschickte Sympathieerklärung. Irgendwie scheint es immer bedenklich, Homer — den »ersten Lehrer und Führer der tragischen Dichter«, wie Platon ihn nannte[109] — daraufhin zu durchforschen, was sich in ihm nicht oder noch nicht findet; hat er doch die Größe des tragischen Charakters nicht bloß vorweggenommen, sondern im Gesang vom Zorn des Peliden Achilles übertroffen. Es grenzt an Sakrileg, etwas so durchaus ‚Seiendes' wie das homerische Epos als Element im Prozeß eines ‚Werdens' zu betrachten.

Mit dieser immer mitzubedenkenden Einschränkung versuchen wir, den Abstand zu ermessen, der die epische Psychologie der Erwägung von dem Freiheitsbewußtsein in der Tragödie trennt, und zu diesem Zweck prüfen

---

108) B. Snell, *Aischylos und das Handeln im Drama*, Philologus Suppl. Bd. 20, 1 (1928); dazu Erwin Wolff, Gnomon 5, 1929, 386—400 und Snell, Philologus 85, 1930, 141—58.
109) *Politeia* X 595 BC.

wir eine typische Szene in der *Ilias*[110]. Odysseus findet sich allein, und eine Schar trojanischer Krieger stürmt gegen ihn an. »Wehe, was geschieht mir!« (τί πάθω;) ruft er aus. Dann nimmt sein »Sinn« (θυμός) Individualität an und redet ihn an, als wäre er ein zweiter Odysseus: »Schlimm wäre es, erschreckt von der Zahl der Feinde die Flucht zu ergreifen, schlimmer noch, wenn ich, allein wie ich bin, zum Gefangenen gemacht würde«. Einen Augenblick danach hat Odysseus sein wahres Selbst wiedergefunden, und nun spricht und handelt er als der fürstliche Krieger, der dem Ehrenkodex seiner Kaste treu bleibt. In akuter Notlage entsteht für ihn ein Konflikt, aber kein Problem. Der epische Held bewahrt sein Selbst, indem er einer Verhaltensweise entspricht, die ihm von seiner Welt vorgeschrieben ist; der tragische Held gewinnt sein Selbst, indem er über die Welt der fixierten sittlichen Normen hinausgreift. Der epische Held handelt in Anmessung an einen heroischen Maßstab; der Entschluß des tragischen Helden entzieht sich allen konventionellen Maßstäben. Die Frage des Erstgenannten betrifft vor allem die verwirrenden Gegebenheiten der Situation: »Was geschieht mir?« Die Frage des letzteren »Was soll ich tun?« betrifft eine Antinomie, die sich in den Begriffen einer vorbestimmten Verhaltensform nicht auflösen läßt. Die Tat, die der zweiten, radikaleren Frage entspricht, muß aus einem Quellpunkt der Spontaneität stammen, der tiefer liegt, als die Begriffe traditioneller Lebensauffassungen reichen. Diese zweite Frage appelliert an das Bewußtsein der Freiheit.

Kaum ein ärgerer Irrtum ist denkbar, als sich Aischylos oder Sophokles als Revolutionäre vorzustellen. An der Tradition, die sie als gesetzestreue und fromme Bürger schildert, kann nicht gerüttelt werden. Aber es wäre nicht weniger falsch, die Tragödie als Werkzeug moralisch-politischer Erziehung sehen zu wollen[111]. Der Glaube an die Polis ist aus *einem* Stück mit dem Glauben an den Kosmos als die all-umfassende Ordnung von Gleichgewicht, Zumessung und Wiedervergeltung, aber auch mit der Sittlichkeit der Selbstbeherrschung und des Maßhaltens und mit den traditionellen Formen des Kultus. Dieser Felssockel, auf dem die griechische Gesellschaft ruhte, steht noch unerschüttert in der Tragödie, aber er ist gefährlich dem Aufprall eines Sturzbaches von Gefühl ausgesetzt, der in dem emanzipierten einzelnen aufschäumt. Das gefahrvolle Zusammentreffen von Fels und Kaskade oder besser: der zerstörerisch-zeugerische Zusammenprall von

---

110) *Ilias* XI 403—12. Vgl. Christian Voigt, *Überlegung und Entscheidung — Studien zur Selbstauffassung des Menschen bei Homer*, Berlin-Charlottenburg 1934.
111) Der aristotelische Katharsis-Begriff hat immer wieder dazu verlockt, die tragische Bühne als eine moralische Anstalt zu betrachten. Zu diesem Fragenkreis: M. Kommerell, *Lessing und Aristoteles — Untersuchung über die Theorie der Tragödie*, Frankfurt/Main ³1960; K. v. Fritz, *Antike und moderne Tragödie*, Berlin 1962.

Urgestein und, als wäre eine Schleuse aufgezogen, einer Sturmflut der noch ungeteilten Gewässer von oben und aus acherontischen Tiefen – das sind, bildlich gesprochen, die Bedingungen, welche die Tragödie ermöglichten. Es ist kein Zufall, daß die Botschaft der Ordnungsgewalt regelmäßig den Antagonisten zugeteilt wird, also im ganzen den weniger achtenswerten Charakteren: dem Hermes im *Gefesselten Prometheus*, Ismene und Kreon in der *Antigone*, Agamemnon und Menelaos im *Ajas*. Und es ist wiederum kein Zufall, wenn das *eine* Mal (im *Ajas*), wo ausnahmsweise das Bekenntnis zur anpassungswilligen Klugheit und ihrem kosmologischen Hintergrund dem Protagonisten in den Mund gelegt wird, der stillschweigend gemeinte Sinn der Worte ihre offensichtliche Bedeutung widerruft [112]. Gleichermaßen bedeutsam ist es, daß der tragische Chor, das beliebte Mundstück volkstümlichen Glaubens, selten frei ist von kompromißbereiter Schwäche. Seine Weisheit, oft echt und tief, hat gelegentlich den Beigeschmack von Feigheit. Wenn das Spiel vorüber ist, wenn die Kielwellen der Erregung, die es hinterlassen hat, sich geglättet haben, dann bleibt, der Phantasie des Zuschauers eingeprägt, das Bild des sich in äußerster Einsamkeit behauptenden Helden. Solcherart ist die Einzigkeit seines Schicksals, daß er auf sich allein verwiesen erscheint selbst dann, wenn er einen Gott zum Helfer hat (Apoll vermag nicht den Aufruhr im gequälten Geist des Orest zu beschwichtigen) oder wenn er im Dienst seiner Heimatstadt handelt wie Eteokles in den *Sieben gegen Theben*. Die Quelle seiner Stärke liegt nicht innerhalb der Mauern der Welt, die sich als Polis sichtbar manifestiert. Sie fließt in seinem Gemüt. Die Vereinigung von neuer Freiheit und alter Loyalität, Grundlage des tragischen Charakters, erinnert uns daran, wie die Blüte des Bürgergeistes während und nach den Perserkriegen sich paradoxerweise verband mit dem Hervortreten des emanzipierten einzelnen. Der Bürgersoldat, der auf dem Feld von Marathon Seite an Seite mit seinesgleichen pflichtgemäß kämpft und stirbt, und Themistokles, der große Sohn Athens, der seine Laufbahn als Freund des Königs Artaxerxes im Exil beendet – das sind zwei einander symbolisch ergänzende Gestalten im politischen Drama der Zeit.

Drei Fragen gelten uns als Wegzeichen, welche die Wachstumsstufen im Bewußtsein der Freiheit angeben: in Homer die Frage »Was geschieht mir?« (τί πάθω;), in der Tragödie die Frage »Was soll ich tun?« (τί δράσω;), und die sokratisch-platonische Frage »Was ist gut?« (τί ἀγαθόν;) oder auch »Was ist das Gute?« Das Freiheitsbewußtsein in der Tragödie führt zu der philosophisch verstandenen Freiheit, die sich in der Wahl des besten Lebens äußert. Die Autonomie des tragischen Helden, der durch eine Katastrophe

---

112) Vgl. o. Anm. 103.

von den Bindungen einer geheiligten Weltordnung und ihren Normen befreit wird, macht den Weg frei für den Philosophen, der nach der Norm aller Normen sucht, dem Guten als dem letzten Fundament aller Ordnung, der politischen wie auch der natürlichen.

Der von uns betrachtete Prozeß ist nicht auf einen Sektor des Lebens begrenzt. Die Werdenslinie, die von der Tragödie zu Platon führt, ist nur ein Faden in einem dichten Gewebe, und das Bemühen, den Beitrag der Tragödie so plastisch wie möglich hervortreten zu lassen, darf uns nicht blind machen für die mitwirkenden Faktoren. Drei von ihnen sollen kurz eingeführt werden: die ionische Kosmologie, die Orphik und die sophistische Bewegung.

Das Bewußtsein des Kosmologen von seiner eignen Persönlichkeit spiegelt seinen Begriff von Welt wider. Der Denker sieht sich selbst in Beziehung zu den »Vielen« so, wie er auch die Natur, als Regel allen Wandels, in Beziehung zu ihren sich wandelnden Aspekten sieht. Die Vielen nehmen nur das existierende, sich selbst behauptende Ding wahr; der Wissende erkennt zugleich die Zerstörung, durch welche dies Ding gemäß einem allgemeinen Gesetz der Billigkeit für seine (anderes Sein verdrängende) Existenz büßt. Die Vielen starren auf die Gegensätze wie heiß und kalt, Tag und Nacht. Wer zu sehen weiß, sieht das Verhältnis, das ihr abwechselndes Hervortreten beherrscht. Die Anschauung des Kosmos als gegensätzlich gespannter Einheit einer Vielheit von Komponenten und das stolze »Ich«, wie Heraklit es gebrauchte, gehören als Zwillingsbegriffe zueinander. Und gleicherweise entspricht die Tiefe der Seele, deren Grenzen kein Sucher ausfindig machen kann, der Natur, »die sich zu verbergen liebt« [113].

Der Anhänger der orphischen Lehre erwartete, nach seinem Tod von den Göttern der Unterwelt mit einer Apotheose begrüßt zu werden: »Glücklicher du und Seliger, ein Gott sollst du sein statt eines Sterblichen!« [114] Seine Seele, so hoffte der Gläubige, gefesselt im schmerzreichen Kreislauf der Geburten, möchte von Sterblichkeit erlöst werden und ein Leben gewinnen, das nicht von dieser Welt ist. Für ihn fiel der Ort des Menschen im natürlichen und politischen Universum nicht länger zusammen mit dem Schwerpunkt der menschlichen Existenz. Einige der Goldtäfelchen sind uns erhalten, die dazu bestimmt waren, die Seele von ihrer irdischen Wohnung zu ihrem künftigen Bestimmungsort zu geleiten. Die darauf eingravierte Reiseroute symbolisierte die Entscheidung der auf die Trennungslinie zwischen Erlösung und Verdammung gestellten Seele. Die Seele wird nach orphischem Glauben schließlich an den Kreuzweg gelangen, wo zwei Pfade

---

113) Heraklit, fr. B 1. 45. 123 Diels-Kranz.
114) Orpheus, fr. B. 18 D.–K.

sich trennen, und sie ist angewiesen, dem Pfad zur Rechten zu folgen, den linken aber zu vermeiden. Der religiöse Hintergrund dieser Wegsymbolik hat mindestens *einen* Zug, der an das Denken des Aischylos erinnert. Der Eingeweihte, ängstlich darauf bedacht, den Pfad zur Rechten, der zur Seligkeit führt, nicht zu verfehlen, muß sich durch heilige Lebensführung für die Jenseitsreise vorbereiten. Dadurch, daß er seine zwiespältige Natur von ihren titanischen Bestandteilen reinigt, muß er die göttliche Substanz in ihm selbst zu ihrer ursprünglichen Reinheit wiederherzustellen suchen. Ein allegorischer Mythos erklärt, daß diese Substanz einst zerstreut und besudelt wurde, als das Göttliche Kind in Stücke zerrissen und von den Titanen verschlungen ward. Dann wurden die Titanen, auf frischer Tat ertappt, vom Donnerkeil des Himmelsgottes verbrannt, und ihrer Asche entstieg die Menschheit. Eine Befreiung von den Fesseln der titanischen Erbschaft — das ist die Hoffnung, die auch Aischylos der Menschheit verkündete, obzwar er sich diese Erlösung anders vorstellte. Jedenfalls war er vertraut mit dem orphischen Gedanken einer Vergeltung nach dem Tod [115], und eine Zeile seines verlorenen Stückes *Telephos*, die Platon zitiert (*Phaidon* 108 A), scheint anzudeuten, daß er sich des Wegsymbols bediente. Platon selbst, dem Beispiel der Orphiker, des Aischylos, des Parmenides [116] und des Prodikos folgend, bringt das alte Gleichnis zu reichster Entfaltung. Im eschatologischen Mythos des *Gorgias* lesen wir von zwei Wegen: der eine führt zur Insel der Seligen, der andere zum Tartaros (524 A). So führt auch im Mythos von Er der Weg, den die Gerechten auf Anordnung der Richter zu nehmen haben, nach rechts und aufwärts, während linkerhand ein anderer Pfad die Missetäter nach unten zu den Straforten bringt [117].

Während der orphische Glaube dem einzelnen einen Ankergrund *jenseits* der Welt bot und ihm dadurch eine neue Freiheit *in* der Welt ermöglichte, stellten die Sophisten, Wanderlehrer, die vom politischen Quacksalber bis zum kenntnisreichen Freidenker rangierten, das entwurzelte Individuum dar. Als Meister der Rhetorik dienten sie im Zeitalter der aufstrebenden Demokratie in erster Linie der politischen Bildung. Zugleich aber machten sie die Entdeckung, daß Sprache und die Kunst des Beweisens und Widerlegens als Werkzeuge im Dienst beliebiger Zwecke gebraucht werden können. Die »Zwillingssätze« (δισσοὶ λόγοι) bringen in typischer Weise den sophistischen Pragmatismus zum Ausdruck: im Arsenal des Meisterfechters finden sich gleichstarke Beweisgründe zur Unterstützung widersprüch-

---

115) *Hiketiden* 226—31; *Eumeniden* 273—75.
116) Parmenides, fr. B 1. 2. 6. 7 D.–K.
117) *Politeia* X 614 C. Vgl. W. K. C. Guthrie, *Orpheus and Greek Religion*, London 1935, 176. Siehe auch Otfrid Becker, *Das Bild des Weges im frühgriechischen Denken*, Hermes-Einzelschr. 4, 1937, bes. 59. 131—33.

licher Thesen auf Lager, fertig zum Gebrauch bei passender Gelegenheit. Aber mindestens in einem Fall hat die sophistische Vorliebe für Dichotomie und Antithese einen wichtigen Beitrag zu der hier untersuchten Entwicklung beigesteuert. Einer der »würdigen Sophisten«, der »treffliche Prodikos«, wie Platon ihn nannte (*Symposion* 177 B), schuf das klassische literarische Symbol der Willensfreiheit, die Fabel von Herakles am Scheideweg, mit Laster und Tugend disputierend[118]. Die Idee von zwei Wegen, der eine leicht und bequem, der andere rauh und beschwerlich, stammt von Hesiod[119]. Aber Hesiods abstrakte Metapher wird von Prodikos zum lebendigen Drama von Zögern und Entschluß umgestaltet. Eine Vorwegnahme platonischer Gedanken ist diese Geschichte auch insofern, als das Laster im Bund mit dem falschen Anschein auftritt. Reinheit und Wahrhaftigkeit sind der Schmuck der Tugend, während das Laster, gemalt und verziert mit falschem Schmuck, den Helden durch trügerische Versprechungen zu betören sucht. Jedoch ist gerade der Fall des Prodikos ein gutes Beispiel der Schwierigkeit, die sich beim Trennen der Verursachungsfäden ergibt. Man erzählt von Sophokles, er habe einen Streit zwischen Lust und Tugend auf die Bühne gebracht, die eine personifiziert durch Aphrodite, die andere durch Athene[120]. So hat möglicherweise eine Tragödie dem Prodikos als Vorbild gedient[121].

Die sokratisch-platonische Philosophie ist eine rationale Methode für die Lenkung der menschlichen Wahl. Der philosophische Anruf findet den künftigen Schüler leichtherzig dahinschreitend, obwohl insgeheim von Zweifeln umlagert, oder auch in zur Not gesteigerter Verlegenheit zögernd, nicht wissend, wohin er sich wenden soll, und er fordert den Angesprochenen auf, innezuhalten und nachzudenken. Zunächst macht er ihm klar, daß die ihm abgeforderte Entscheidung von höchster Wichtigkeit ist. Mit ihr verglichen müssen alle anderen Sorgen trivial erscheinen. Denn sie allein betrifft das Wohl und Weh dessen, was wir wirklich *sind*, der Seele. Das Wort »Seele« wird nun mit einem zuvor nicht gehörten Ton feierlichen Ernstes ausgesprochen. Du mußt, so ermahnt Sokrates seinen Gesprächspartner, diese Frage sorgfältig erwägen, »denn unsere Untersuchung betrifft die größte aller Fragen — die eines guten oder schlechten Lebens«[122]. Es erübrigt sich, Beispiele dieses sokratischen Appells zu sammeln. Jeder Leser Platons weiß, daß sie zu den immer wiederkehrenden Zügen des platonischen Dialogs gehören. Sie fehlen, ebenso wie Sokrates selbst, in

---

118) Xenophon, *Mem.* II 1, 21—34.
119) Hesiod, *Werke und Tage* 287—92.
120) Sophokles, fr. 334 N.² (Athenaios 15, 687 c).
121) Vgl. Erwin Panofsky, *Hercules am Scheidewege*, Leipzig und Berlin 1930, 42—49.
122) *Politeia* IX 578 C.

den *Gesetzen*. Natürlicherweise — im Gespräch von drei alten Männern wären sie schlecht am Platz; wie auch Kephalos, der greise Hausherr im *Staat*, haben sie auf ihrer Lebensreise den Scheideweg hinter sich gelassen. Ihre Wahl ist längst getroffen. Die *dramatis personae* sind andere geworden, aber das Interesse der Untersuchung besteht unverändert fort. Die »zweitbeste Stadt«, die der Athener in dem Altersdialog entwirft, ist wiederum, wie die im *Staat* entwickelte Verfassung, eine Veranstaltung, die letztlich dazu dient, die rechte Wahl im Geist der Bürger herbeizuführen. Wir haben uns schon mit den »Zaubersprüchen« bekannt gemacht, die Platon im Hinblick auf dies sein Ziel erfindet. Schließlich, im zehnten Buch, lernen wir, daß nur der allgemeine Plan, gemäß welchem alle menschlichen Seelen, die tüchtigen wie die schlechten, auf die Verwirklichung eines universalen Gutes ausgerichtet sind, durch göttliche Anordnung festgelegt ist. Aber es bleibt dem Willen (βούλησις) des einzelnen überlassen, seine besondere Eignung und damit seinen Ort innerhalb der geplanten Ordnung zu bestimmen (*Nomoi* X 904 C) — ein bescheideneres Seitenstück zu der großen Wahl im Mythos von Er. Die platonische Nachforschung als Ganzes, einschließlich der esoterischen Dialektik im *Sophistes*, *Philebos* und *Parmenides* wie auch der symbolischen Kosmologie im *Timaios* und in den *Gesetzen*, dient letzten Endes einem einzigen Zweck. Sie will den Schüler »fähig und kundig machen, gute und schlechte Lebensweise zu unterscheiden und immer und überall die beste auszuwählen«[123]. Das Keimwort, wenn man so sagen darf, des sokratisch-platonischen Philosophierens, Dialektik, besitzt eine natürliche Verwandtschaft zum Gedanken des Vorziehens oder Wählens von etwas (προαιρεῖσθαι). Xenophon bringt das zum Vorschein, wenn er mit der medialen und transitiven Form dieses Zeitworts sein Spiel treibt. Diejenigen, die Dialektik betreiben (διαλέγεσθαι), sagt er, trennen die Gegenstände und sondern sie ab (διαλέγειν) nach Gattungen in der Absicht, das Gute vorzuziehen, das Schlechte zu meiden, und sie tun solches »in Wort und Tat«[124]. Das ist wahrlich Platonismus in der Nußschale[125].

Noch eine zweite Wahrheit wird dem Mann an der Weggabelung von Platon eingeschärft. Wie auch das Ergebnis seiner Erwägung am Ende aus-

---

123) *Politeia* X 618 C.
124) Xenophon, *Mem.* IV 5, 11—12.
125) Julius Stenzel, *Das Problem der Willensfreiheit im Platonismus*, in: Kleine Schr. zur griech. Philos., Darmstadt 1956, 176 ff. Wir erinnern umso lieber an diesen schönen Aufsatz, als gerade Stenzels aristotelisierende Interpretation der διαίρεσις dazu beigetragen hat, den auch in den Spätdialogen fortbestehenden Zusammenhang zwischen ›unterscheiden‹ und ›sich entscheiden‹ bei Platon zu verdunkeln. Kennzeichnenderweise dient die Diärese bei ihrem ersten Auftreten (im *Phaidros*, 265 A bis 266 C) dazu, den Unterschied zwischen göttlicher und pathologischer μανία festzulegen.

sehen mag, es wird jedenfalls ganz und gar *sein* Werk sein. Weder wird ein helfender Gott die Verantwortung mit ihm teilen, noch wird eine Schicksalsnotwendigkeit ihm zur Entschuldigung dienen. Er wird sein, was zu werden er sich entschieden hat. Wieder muß ein Mythos einem Gedanken Nachdruck verleihen, der Platon teuer ist. Er vervielfacht die Gewichtigkeit der Wahl, indem er sie mit der Seelenwanderungslehre in Verbindung setzt, und dadurch raubt er uns, den menschlichen Tätern, die letzte Ausflucht. Wir werden auch für jene Umstände unseres Lebens verantwortlich gemacht, die das Übeltun uns aufzuzwingen scheinen. Durch Übertretungen, begangen in einer früheren Existenz, haben wir unser Unterscheidungsvermögen abgestumpft, und so war unsere Seele voller Vergeßlichkeit, als sie zur Großen Wahl gerufen wurde.

Schließlich, drittens, zeigt sich, daß diese Wahl von höchster Bedeutung, durch die wir unser eigenes Selbst, oder besser, unsere eigene Lebensrolle wählen, von schwerster Gefahr begleitet ist (*Politeia* IX 578 C). Gedeih oder Verderb steht für uns auf dem Spiel. Wir sehen uns konfrontiert mit der Möglichkeit selbstverschuldeter Vernichtung. Die Tugend aber, der die richtige Einschätzung von Gefahren obliegt, ist Tapferkeit. Folglich wird die Weisheit, die uns bei der Wahl leitet, zugleich wahre Tapferkeit sein. An diesem Punkt trennt sich der platonische Philosoph von dem tragischen Helden. Platon mißgönnt ihm nicht den Titel einer Art von Tapferkeit, aber ernsthaft-scherzend deutet er ihre Mangelhaftigkeit an. Bei der Schilderung der Seelen, die dabei sind, ihre Lebensform für die unmittelbar bevorstehende Inkarnation zu wählen, erzählt uns Platon, daß Ajas sich weigerte, wieder ein Mensch zu werden. Denn er erinnerte sich der Ungerechtigkeit, die ihm bei dem Urteilsspruch über die Waffen des Achill angetan worden war. So wählte er das Leben eines Löwen. Dann war Agamemnon an der Reihe, sich ein Los auszusuchen. Die erlittene Schmach brannte ihm noch in der Seele, und so verabscheute auch er das menschliche Geschlecht, und nahm statt dessen das Leben eines Adlers (X 620 B). Beide sind entschlossen, ihr Leben als Tragödie anzusehen; gehören sie doch zur Klasse derer, die den Sieg lieben und nicht die Weisheit (IX 581 C). Die zwei königlichen Tiere, der Löwe und der Adler, symbolisieren den mittleren Teil der Seele (den θυμός) und nicht den zur Herrschaft bestimmten Teil (das λογιστικόν) als den Sitz ihrer Tugend.

Wenn wir nicht in Unwissenheit darüber wären, würden wir nicht fragen, was »das Gute« ist. Es lohnt sich, diese Selbstverständlichkeit zu betonen. Die Unwissenheit über das Gute, oder vielmehr das Bewußtsein dieser Unwissenheit, ist nichts weniger als eine gewöhnliche Situation. Als Hektor von seinem Söhnchen Abschied nahm und betete, er möge seinem Vater gleich werden, wußte er, was gut ist, oder glaubte es zu wissen; so auch Ajas, als

Sophokles ihm in ähnlicher Situation diese homerische Abschiedsformel in den Mund legte [126]. Der Mensch am Kreuzweg, nicht wissend, welche Straße die rechte ist, wird Verwirrung und Bestürzung fühlen. Sokrates, der diesen Gemütszustand in sich und anderen förderte, ging mit seinen Freunden ein großes Wagnis ein. Anscheinend ist das Bewußtsein der Freiheit nur am Rand des Abgrunds zu gewinnen, der von dem Nihilismus der radikaleren unter den Sophisten aufgedeckt wurde. Der Wachstumsprozeß, an dem wir interessiert sind, ist auch Wachstum einer geistigen Verlegenheit. Die in der tragischen Erfahrung liegende Verlegenheit kommt zum Ausdruck in dem Paradox einer ‚frommen Schuld'. Eine im Leben selbst sich öffnende Antinomie zwingt den Handelnden, aus der Geborgenheit in einer durch Tradition geheiligten, harmonischen und sinnvollen Welt herauszutreten und als einsames Selbst in ‚metaphysischem Dunkel' zu agieren. Als Platon die Bühne für seine »wahrste Tragödie« aufschlug, hatte sich die Verlegenheit vertieft. Die antinomische Situation drängt dem Geist die Frage auf, wie der Maßstab des Guten entdeckt werden kann. Hinter der Frage lauert der Verdacht, es könnte vielleicht einen solchen Maßstab überhaupt nicht geben. Als Athen auf eine Anklage wegen Gottlosigkeit hin den Sokrates vor Gericht stellte und den Mann zum Tode verurteilte, den Platon als »den Gerechtesten seiner Zeit« beschrieb [127], da wurde deutlich, daß die Stadt ihren alten Anspruch auf sittliche und moralische Autorität verwirkt hatte. Nun wurde es Aufgabe des einzelnen, die Frage nach Recht und Unrecht zu beantworten.

In einer Digression im siebenten Buch des *Staates* (VII 537 E—539 A) findet sich der *locus classicus*, der die Geburt des philosophischen Gedankens aus einer gefährlichen Freiheit illustriert. In Widerlegung eines geläufigen Einwandes gegen die Philosophie erklärt Sokrates, wie die Dialektik in den Ruf geraten ist, die Gesetzlosigkeit zu fördern, und seiner Beweisführung schickt er die wohlbekannte Parabel vom Findling voran. »Ein Kind wurde von einer wohlhabenden und vornehmen Familie aufgezogen, und als der Knabe zu einem Mann heranzuwachsen begann, da umdrängten ihn die Schmeichler. Er aber schenkte ihnen keine Beachtung, sondern getreulich hing er denen an, die er für seinen Vater und seine Mutter hielt. Aber eines Tages geschah es, daß er die Wahrheit über seinen Ursprung erfuhr. Von da an ließ sein kindlicher Eifer und die Ehrfurcht für seine Pflegeeltern nach, er fing an, ihnen ungehorsam zu sein, und er öffnete den Schmeichelreden seiner falschen Freunde ein geneigteres Ohr. So erlag er schließlich den Verführungen eines dem Genuß gewidmeten Lebens«. Der Sinn dieses Gleichnisses wird folgendermaßen erläutert. Die Pflegeeltern bedeuten die

---

126) *Ilias* VI 476; Soph., *Ajas* 550; vgl. Vergil, *Aeneis* XII 435.
127) Platon, *Brief VII* 324 E; vgl. *Phaidon* 118 und *Gorgias* 521 D.

Die wahre Tragödie

Überzeugungen von Recht und Anstand, mit denen wir aufgezogen worden sind und die wir wie Vater und Mutter zu ehren gelernt haben [128]. Dann aber erwacht die Frage: Was ist wirklich »recht«? Was ist wirklich »anständig«? Da die Antworten, die sich aus den herkömmlichen Überzeugungen herleiten, die Probe dialektischer Prüfung nicht bestehen, keimt ein Zweifel an ihrer Legitimität, und der Zweifel führt schließlich zu der Entdeckung, daß sie untergeschoben sind. Wir bemerken, daß unser natürlicher Zustand der eines Findelkindes ist. Es gibt keine echten väterlichen Meinungen, und erschüttert von der Erfahrung, daß unsere frühere Ehrfurcht auf Irrtum beruhte, werden wir zur widerstandslosen Beute der Verlockungen des »schmeichelhaften Lebens«. Sobald wir von der zweideutigen Freiheit der menschlichen Situation gekostet haben, hängt unser Heil ab von der Entdeckung unseres unbezweifelbaren Ursprungs und Heimatbodens, der sich dem Dialektiker in den »ersten Wahrheiten« enthüllt [129].

Die Erörterung von »Wahl« bei Platon soll mit der Bemerkung abgeschlossen werden, daß in einem gewissen Sinn dieser Begriff ausgelöscht wie auch gesetzt wird. Ich kann eine Lebensform wählen; aber die Wahl muß im Licht eines Wissens vollzogen werden, das seinerseits erworben, nicht aber gewählt werden kann. Der Akt der Wahl ist seiner Natur nach ein Übergang, und im Aufbau der platonischen Welt entspricht er einem den Übergang vermittelnden Typus von Seiendem, der Seele. Im Unterschied zur Vernunft (νοῦς) ist die Seele erzeugt, aber sie ist »von allen erzeugten Wesen das älteste« [130]. Sie kann Vernunft zu sich nehmen [131], und damit wird sie zur Ursache des Guten, Schönen und Gerechten. Da jedoch die Seele sich dieser Verbindung auch zu entziehen vermag, um sich statt dessen mit Unvernunft (ἄνοια) zu vermählen, kann sie ebensowohl Ursache des Entgegengesetzten werden — des Bösen, Häßlichen und Ungerechten [132]. So können wir nicht umhin, eine Mehrheit von Seelen anzunehmen, min-

---

128) Die Meinungen oder Glaubensartikel können in Verbindung gebracht werden mit den »Sitten und Gewohnheiten unserer Väter«, von deren Zersetzung Platon im *Siebenten Brief* schreibt (325 D).

129) Die englischen Kommentatoren (Bosanquet, Adam, Jowett, Nettleship) begnügen sich damit, den vorliegenden Passus unter dem Gesichtspunkt des unmittelbaren Zweckes, dem er im siebenten Buch dient, der Entwicklung eines Erziehungsprogramms, zu betrachten. Platon will mit der Geschichte vom Findling eine Lektion erteilen: Laßt unreife Leute nicht in Philosophie pfuschen! Hier, so scheint mir, wie vielfach an platonischen Texten, verbinden sich zwei Bedeutungen von verschiedenem Niveau. Uns liegt daran, die weniger offensichtliche Bedeutung ins Licht zu rücken.

130) *Nomoi* XII 967 D.

131) *Nomoi* X 897 B: νοῦν μὲν προσλαβοῦσα.

132) Die hier vertretene Interpretation steht im Widerspruch zur Ansicht von John Burnet. Er glaubt, die platonischen Seelen »are what we call gods, if there are many, or God, if there is only one which is the best of all« (*Greek Philosophy*, Part I,

destens aber zwei, eine Seele als Urheber des Guten, eine andere des Bösen[133]. Wenn nun eine bestimmte Seele sich ganz der Vernunft gefügt hat (wie z. B. die vollkommen vernunftgemäße Weltseele im *Timaios*), wird sie hinfort nicht mehr von ihrer vorgeschriebenen Bahn abweichen. Ihr Tun ist dann entweder der Nötigung durch Wissen unterworfen, oder es ist eins mit dem Wissen. Für Entscheidung als eine unterscheidbare Manifestation des Willens ist kein Raum übriggeblieben, und wir müssen dem Satz zustimmen, wonach »niemand mit Willen sündigt«. Die leidenschaftliche Behauptung des Gegenteils durch Prometheus wird mit der Bemerkung zu entkräften sein, daß er einer sehr gewöhnlichen Täuschung unterliegt. Er hat noch nicht jenes echte Wissen erlangt, welches, nach Aischylos, die Frucht des Leidens ist. So handelt er auch nicht in Wahrheit willentlich; und mit dieser Qualifikation könnte Aischylos selbst dem sokratischen Paradox zustimmen. Im vollendeten Wissen geht die Wahl unter.

Indessen richtet sich die philosophische Rede an diejenigen, die auf der Suche nach Wissen sind, es aber noch nicht erlangt haben. Damit die Suche nach der Wahrheit beginnen und sich entfalten kann, muß der Lebensprozeß dem Wissensprozeß vorauslaufen. Noch ehe wir wissen, müssen wir zu wissen wagen. Philosophie, als Prozeß der Annäherung betrachtet, bringt die Bedeutung des Aktes der Wahl zum Vorschein. Hier liegen die Wurzeln des platonischen Pragmatismus. Es werden Ansichten vertreten, die zwar jenseits der Grenzen logischer Verifizierbarkeit liegen, die sich aber dadurch empfehlen, daß sie die richtige Entscheidung zu fördern versprechen. Im *Phaidon* und im *Philebos* wird die Annahme solcher Sätze (der eine das Leben der Seele nach dem Tod betreffend, der andere die Rationalität des Universums behauptend) als ein Wagnis beschrieben, aber ein Wagnis, das auf uns zu nehmen sich lohnt[134]. Ein Abgrund trennt den Anfang des dialektischen Prozesses von seinem Ziel, die sich in der sokratischen Frage entladende Ratlosigkeit vom Genuß der Erkenntnis im kon-

---

London 1914, 335). In ähnlicher Weise betrachtet A. E. Taylor die Seele in Buch X der *Gesetze* als ein höchstes Prinzip, und er identifiziert den Demiurgen des *Timaios* mit der »besten ψυχή« (*A Commentary on Plato's Timaeus*, Oxford 1928, 82). Darin schließt sich F. Solmsen ihm an (*Plato's Theology*, Ithaca, N. Y. 1942, 131 bis 146). Doch die von R. Hackforth erhobenen Einwände scheinen mir wohl begründet zu sein (*Plato's Theism*, Class. Quart. 30, 1936, 4—9, bes. 4). Man beachte, daß Platon in seinen zwei parallelen Aufzählungen der Vermögen der Seele δόξα (die sowohl wahr wie falsch sein kann) erwähnt, ἐπιστήμη hingegen übergeht. Solmsen (a. a. O. 148 Anm. 34) versucht, dies Zeugnis zu entkräften.

133) *Nomoi* X 896 E.
134) *Phaidon* 114 D; *Philebos* 29 A. Vgl. ferner *Sophistes* 265 C und *Nomoi* X 896 D bis 897 D. 903 D—904 A. Alle diese Stellen zeigen, wie und in welchem Sinn die Wahl zu einem Moment des Erkenntnisvorgangs werden kann. Näheres darüber findet sich bei P.-M. Schuhl, *Un cauchemar de Platon*, in: *Études Platoniciennes*, Kap. 7, Paris 1960, und in meiner Besprechung dieses Buches: Gnomon 36, 1964, 139—143.

templativen Leben. Um den Abgrund zu überbrücken, dichtet Platon seine »wahrste Tragödie« — und diese Brücke erweist sich als gangbar für alle, auch für diejenigen, die nicht zu den Eingeweihten der dialektischen Kunst gehören. Daher hat sie eine eminent politische Bedeutung. Nicht zufälligerweise verdanken wir die reichste Belehrung über den poetischen Brückenschlag den beiden großen der Polis gewidmeten Dialogen.

Das Problem des Sokrates »Was ist das Gute?« leitet das Forschen nach dem lebenswerten Leben ein. Mit Worten, die an die Tragödie erinnern, zeigt er uns, daß das Leben, wie es bislang gelebt wurde, ein Ding ohne Sinn, ein nicht-zu-lebendes Leben gewesen ist — βίος οὐ βιωτός [135]. Selbst ein Athener, der reicher als irgend jemand mit allen den Gütern begabt war, die, nach seiner eigenen Meinung und der seiner Mitbürger, dem Leben Wert und Fülle verleihen — mit Geist, Schönheit, Jugend, Adel, Reichtum und Ansehen —, selbst Alkibiades sah sich, wenn er mit Sokrates zusammentraf, unversehens genötigt zu gestehen, daß sein Leben nicht einmal den Namen eines Lebens verdiente [136]. Aber nicht nur unser unerleuchtetes Leben ist gering zu schätzen: auch das gepriesene Zeitalter der Kronos-Herrschaft — die Vorzeit, da Gott selbst die Welt in Bewegung hielt und die Menschen, von Todesangst befreit, unter göttlichen Völkerhirten in Frieden die Erde bewohnten — darf glücklicher im Vergleich zu unserm härteren Äon nur dann genannt werden, wenn wir glauben dürfen, daß die Philosophie von jenen friedseligen Menschenherden gepflegt wurde [137]. Bei der Einschätzung der Güter und Übel in der Welt gewöhnlicher Erfahrung sah Sokrates-Platon die Güter weitaus im Nachteil. Um das Gute triumphieren zu lassen und dem Leben Wert und Bedeutung zurückzugeben, mußte er dem Menschen eine Sphäre eröffnen, die ihn befähigt, dem Anblick der tragischen Wirklichkeit standzuhalten. Dieses in Überwindung des Lebens gewonnene Leben, von Platon entdeckt oder vielmehr wiederentdeckt, ist das Leben der Schau. Wie die Selbstbejahung des tragischen Helden ihn hinausführt über die Welt von Maß und Gleichgewicht, so bedeutet auch die platonische Transzendenz einen Bruch mit der Tradition, und zwar einen Bruch von mehr als tragischer Entschiedenheit. In der Tragödie wird die aus dem Bereich kluger Selbstbescheidung herausbrechende heroisch-tragische Selbstbejahung noch als Vergehen empfunden, wenn auch ein Vergehen rühmlicher Art. Noch immer kann der tragische Dichter, in Übereinstimmung mit Pindar, guten Glaubens die alte Warnung wiederholen: »Denke daran, daß sich für den Sterblichen sterbliche Gedanken

---

135) *Apologie* 38 A; vgl. Sophokles, *Oed. Col.* 1693.
136) *Symposion* 216 A.
137) *Politikos* 272 B—D.

geziemen!«[138] Der Philosoph dagegen hat solche Furcht von sich geworfen, und kühn lädt er uns ein, durch Denken des Unsterblichen unsterblich zu werden[139].

W. B. Yeats stellt sich vor, Torhüter säßen an der Pforte, die von dem alltäglichen Ich zu dem im Zeitengrund wurzelnden Selbst, dem Ort der Bilder, führt. Durch ihre dramatische Macht bringen die Torhüter unsere Seelen zur Krisis, und sie verachten, so schreibt der Dichter, ein Leben der Betrachtung mehr als irgendein anderes Leben, »außer wenn Betrachtung ein Name ist für die schlimmste aller Krisen«. Fehlt uns die Vision des Bösen, verdienen wir die Betrachtung nicht, »denn erst nachdem der Geist das Ganze des Lebens zum Drama versammelt und zur Krisis gebracht hat, dürfen wir der Betrachtung leben, ohne dabei unsere Intensität zu verlieren«[140]. Das kontemplative Leben, wie Platon es verstand, braucht weder die Verachtung der Torhüter zu fürchten, noch scheut es die von Yeats geforderte Legitimitätsprobe.

VII. Die Emanzipation des Individuums und der Kosmos

Das Schlußargument, das diese Untersuchung abrunden soll, mag den Anschein erwecken, als ob wir, die wir uns schon mehr als einmal über die Grenzen des Beweisbaren hinausgewagt haben, um uns mit dem nur Wahrscheinlichen einzulassen, die Beweislast noch schwerer machen wollten. In Wahrheit aber werden, so hoffe ich, die folgenden Beobachtungen gewisse Implikationen und Voraussetzungen unseres Unternehmens freilegen und damit zur Befestigung des bislang Gewonnenen beitragen.

Ein Verlust muß als Preis für die Selbstentdeckung des Individuums in Kauf genommen werden. Das Werden selbstbewußter Freiheit ist mitbedingt durch den gleichzeitigen Zerfall jener umfassenden Ordnung, die den einzelnen zu umhegen pflegte. Eine Erschütterung dieser Ordnung und die Wahrnehmung eines Mißverhältnisses werden zum Stimulus der Emanzipation. Ordnung bedeutet hier Welt und zugleich Umwelt. Die von den Griechen in Erfahrung gebrachte Welt war im Stadtstaat Fleisch und Blut geworden, aber sie hatte sich in dieser ihrer politischen Inkarnation nicht erschöpft. Die Ordnung, welche die Polis durchwaltet, galt als wesenseins mit dem Gesetz, das die Kreisbahn der Sterne, den Wechsel der Jahres-

---

138) Pindar, *Pyth.* 3, 59—62; Sophokles, fr. 531 N.²: θνητὰ φρονεῖν χρὴ θνητὴν φύσιν. Vgl. *Trach.* 473; Euripides, *Alkestis* 799; Trag. adesp. 308 N.²; Aristoteles, *Rhet.* II 21, 1394 b 25.
139) Aristoteles, *Nikom. Ethik* X 7, 1177 b 33: ἀθανατίζειν χρὴ ἐφ' ὅσον ἐνδέχεται.
140) W. B. Yeats, *Autobiography*, New York 1938, 235.

zeiten, die periodische Abfolge von Werden und Zerfall, Geburt und Tod im Reich des vegetativen und animalischen Lebens beherrscht. Statt von einer Übertragung moralischer Begriffe auf die Natur zu sprechen, täten wir besser daran zu sagen, daß eine problematische Zweiteilung, die dogmatisch festzulegen wir nur allzu bereit sind, dem archaischen Denken undeutlich geblieben ist. Die diese Welt umschreibenden Schlüsselbegriffe wie Gerechtigkeit, Harmonie, Ordnung, das Eine und das Viele, das Gleiche und das Entgegengesetzte überschneiden die Grenzen, welche die menschliche Gesellschaft von der Natur trennt[141]. Die Blüte des bürgerlichen Lebens und die Fruchtbarkeit der Herden und des Bodens legen Zeugnis ab von der gleichen gedeihlichen Ordnung — von dem gleichen κόσμος, ein Wort, das sich seine frühgriechische Prägung bis zum heutigen Tag erhalten hat[142]. Der Begriff einer die Götter und die Welt umfassenden Ordnung, die in den homerischen Gedichten aufleuchtende Sicht[143], bildete den Zettel, die feste Grundlage des Gewebes, zu dem die ionischen Physiologen und Eleaten mit neuen Naturbeobachtungen und durch fruchtbare Verbindung physiologischer Periodizität mit einer Logik oder Ontologik der Gegensätze den Einschlag lieferten. Nicht Wissenschaft, wie John Burnet meinte, war die charakteristische Leistung der frühen griechischen Spekulation, sondern Kosmologie und Ontologie[144]. Nur dürfen wir uns die Ordnung, von der hier gesprochen wird, weder als statisch vorstellen noch als eins und einheitlich in dem strengen, durch das Wort ‚Universum' angedeuteten Sinn. Vielmehr ist sie Werden und Gewordenes, Wachsen und Wuchs: das Wort φύσις zeigt wohl am deutlichsten die Doppelnatur dieser in ihrem Gleichgewicht ruhenden und zugleich aus sich bewegten Wirklichkeit an; und sie entzieht sich den scharfen dichotomischen Unterscheidungen, die erst durch Platon möglich wurden und die der Vielheit der Welten die Lehre von der *einen* Welt, der Unendlichkeit den endlichen Kosmos,

---

141) Vgl. R. Mondolfo, *Problema umano e problema cosmico nella formazione della filosofia greca* (Memoria presentata alla R. Accademica di Bologna) 1934.

142) »Was wir beim ›Staat‹ empfinden und denken, ein großes geordnetes Ganzes, das unabhängig dem Einzelnen gegenüber und über ihm steht, das empfand und dachte der Grieche bei κόσμος, mehr als bei πόλις und πολιτεία, die vielmehr für die πολῖται eingerichtet und ihren Zwecken dienstbar erscheinen« (R. Hirzel, *Themis, Dike und Verwandtes — Ein Beitrag zur Geschichte der Rechtsidee bei den Griechen*, Leipzig 1907, 283 Anm.).

143) Vgl. die Analyse der »Wahrheit Homers« bei Kurt Riezler, *Parmenides*, Frankfurt/Main 1934, 15—22.

144) John Burnet (*Early Greek Philosophy*, London ⁴1930) nennt Thales »the first man of science« (S. 40) und behauptet »the Milesians wholly ignored traditional beliefs« (S. 80). Die Einseitigkeit dieser Anschauung ist inzwischen von F. M. Cornford (*From Religion to Philosophy*, New York 1912), P.-M. Schuhl (*Essai sur la formation de la pensée grecque*, Paris 1934), H. Boeder (*Grund und Gegenwart als Frageziel der frühgriechischen Philosophie*, Den Haag 1962) u. a. korrigiert worden.

der vom Zufall zusammengewehten Totalmasse die göttliche Ordnung aller Dinge entgegenstellten[145].

Worten ist es, nach griechischer Auffassung, eigen, daß sie zum Vorschein bringen, was ist. Sie sagen Seiendes, und darin liegt ihre Wahrheit. Die Sophisten aber setzten einen anderen Aspekt der Sprache ins Licht. Für sie ist das Wort ein Werkzeug zur Lenkung des Denkens anderer — zur »Gemütssteuerung«, wenn man ψυχαγωγία so übersetzen darf. Dieser instrumentale Begriff von Sprache ist die Frucht eines neuartigen Interesses an Gesellschaft und zwischenmenschlicher Verständigung. Die Philosophie der Sophisten, soweit von einer solchen gesprochen werden darf, scheint im ganzen gekennzeichnet durch Vorläufigkeit und zugleich durch Negativität. Sie übten ihren Witz, indem sie die πάτρια, die überkommenen Vorstellungen von der Welt, welche der neuen intellektuellen Freiheit im Wege standen, dialektisch auflösten. Protagoras ging dieser Aufgabe dadurch nach, daß er radikale Folgerungen aus den Lehren des Heraklit und des Anaxagoras zu einer Selbstverneinung des kosmologischen Denkens steigerte — ein Verfahren, von dem uns der Dialog *Theaitet* eine platonisch stilisierte Vorstellung gibt. Ein entsprechendes Zeugnis bietet die Schrift des Gorgias *Über Sein und Nichtsein:* hier wird aus der eleatischen Ontologie auf ihre Selbstvernichtung geschlossen — Seins-Lehre wird durch destruktive Interpretation zur Nichts-Lehre[146]. Um das Wort als Instrument zum Gebrauch des autonomen Individuums handlich zu machen, mußte es zunächst losgelöst werden von seiner gegenständlichen Bedeutung — von dem Bezug auf Dinge, die sich als das zeigen wollen, was sie sind. Das Maß des Seins und Nichtseins der Dinge, meinte Protagoras, darf nicht in dem Zusammenhang, in den sie gehören, der Welt, gesucht werden. Das Individuum maßte sich die Würde eines universalen Maßstabes an[147].

Dürfen wir die Tragödie als ein weiteres Zeugnis dieser Tendenz zum »Akosmismus« betrachten? Wir haben bereits eine bejahende Antwort vorbereitet, als wir über die zweideutige Huldigung sprachen, die von Aischylos und Sophokles dem Kosmos gezollt wurde, seiner politischen Verkörperung in der Polis und seinem Sittengesetz, deren oberste Regel Mäßigung hieß. Noch gilt die Welt der Altvorderen als heilig. Aber wir empfinden, daß sie schon seitab ins tote Wasser geraten ist, während der reißende Lebensstrom eine neue Richtung eingeschlagen hat. Sie ist, anders

---

145) Vgl. dazu H.-G. Gadamer, *Plato und die Vorsokratiker*, in: *Epimeleia*, hrsg. v. F. Wiedmann, München 1964, 127—142.

146) Vgl. die Interpretation bei G. Calogero, *Studi sull' Eleatismo*, Rom 1932, bes. Kap. IV, 157—222.

147) Über die »intellectual revolution«, an der die Sophisten einen führenden Anteil hatten, vergleiche man: W. K. C. Guthrie, *A History of Greek Philosophy*, II. *The Presocratic Tradition from Parmenides to Democritus*, Cambridge 1965, 346—47.

gesagt, eine ehrwürdige Folie, von der sich eine bestürzende Art von'Größe abhebt; oder auch eine These, die nur um der Antithese willen noch aufrechterhalten wird. Im Geist des Hörers ist es der Held, der die Palme davonträgt, und die Welt ist es, die ihn zum Leiden verurteilt. Diese Ansicht der Dinge läßt sich noch durch eine weitere Erwägung stützen.
Natur im Sinn der nicht-menschlichen Welt nimmt in den tragischen Dichtungen einen breiten Raum ein. Wir sondern für unseren Zweck zwei Typen von Naturdichtung in der Tragödie aus, deren einer dem Chor, der andere dem Protagonisten zugeteilt wird. Ein Beispiel des ersten Typus findet sich in den *Sieben gegen Theben*. Gegen Ende des Stückes beklagt der aus thebanischen Frauen zusammengesetzte Chor die beiden Brüder, in deren Wechselbrudermord sich der vorbestimmte Untergang des fluchbeladenen Hauses vollzogen hat. Wenn die Wehklage ihren Höhepunkt erreicht, stimmt die umgebende Welt mit ein (900—2):

> Nun durchläuft auch die Stadt ein Stöhnen,
> Aufstöhnen die Türme, es stöhnt rings das Feld,
> das männerliebende.

So glauben auch die Okeaniden im *Gefesselten Prometheus*, ihr sympathetisches Leiden werde von der Welt und all ihren Bewohnern geteilt. Wie ein Wildfeuer verbreitet sich ihre Klage über den Erdboden. Die Quellen der Flüsse stimmen ein, die Wogen der See und der Abgrund der Erde. Alle Ränge der Wesen im belebten All tönen wieder von Jammer um Prometheus, der allein stille schweigt im Übermaß seiner Qual (406—35). Die ganze Natur wird aufgerufen, um die verströmende Gemütsbewegung des Chors zu einem kosmischen Klagegesang anschwellen zu lassen. Das tragische Pathos verlangt als Resonanzboden nichts Geringeres als den Weltenbau, damit sein Rhythmus ausschwingen kann.
Der zweite Typus der Naturbeteiligung nimmt gern die Form einer Evokation im Monolog des Protagonisten an, und sie pflegt entweder eine Krise in seiner Laufbahn zu markieren oder seinem Ende voranzugehen. Bevor der Donnerkeil des Zeus ihn in den Tartarus schleudert, ruft Prometheus die mütterliche Heiligkeit des Äthers an (*Prom.* 1091—93):

> O Äther, des Alls
> Gemeinsames Licht im Kreise schwingend,
> Du siehst, wie ich Unrechtes dulde!

Ajas entbietet ein letztes Lebewohl der Sonne, den heiligen Gefilden der Heimat und dem nachbarlichen Athen, den Flüssen, Bächen und Brunnen, der trojanischen Ebene, den Augenzeugen seiner Kriegstaten (*Ajas* 856—64, vgl. 412—27). Antigone richtet ihre Klage an das Grab (891—92):

> O Brautgemach, o in der Erde
> Behausung ewiger Hut...

Philoktet an seinen Bogen, die Felsen, das Vorgebirge und die Tiere, die seine einsame Stätte bewohnen (1128, 936—40), Deianeira an ihr Brautbett (*Trach.* 920—21). Worte, erpreßt von äußerster Bedrängnis, dürften enthüllen, was im Grund des Herzens liegt. Man erzählt sich, daß Verbannte, die durch lange Entwöhnung ihre Muttersprache vergessen zu haben schienen, sie auf dem Totenbett wiederfanden. In seiner Herzensnot mag der Gläubige der orphischen Gemeinschaft den Herren Dionysos angerufen haben, wie der Christ den Herren Christus und die heilige Jungfrau anruft. So könnten wir erwarten, in den pathetischen Evokationen der Tragödie den Ausdruck einer fundamentalen Glaubensgewißheit, vielleicht sogar Spuren einer rituellen Formel zu finden. Aber diese Erwartung wird enttäuscht. Kein Bekenntnis eines bestimmten Glaubens, keine Spur kultischer Formeln läßt sich entdecken. Nur die fromme Anhänglichkeit an den heimatlichen Boden, bezeugt vor allem durch die Volkstümlichkeit zahlloser örtlicher Kulte zu Ehren der Nymphen über ganz Hellas, verknüpft das tragische Lebewohl in einer sehr allgemeinen Weise mit dem traditionell-religiösen Hintergrund[148]. Im übrigen aber legt die Abwesenheit traditioneller Elemente eine für uns wichtige Beobachtung nahe.

In den zwei von mir unterschiedenen Formen der Naturanrufung geschieht es, daß Dinge und Wesen der Umwelt, mit der tragischen Erregung in Berührung gebracht, von einer Lebensflamme ergriffen werden, die doch nicht ihnen selbst gehört. Ihrem gewöhnlichen Zustand entfremdet, begeben sie sich ihrer in ihnen selbst beruhenden Wirklichkeit und existieren nur noch durch und für das menschliche Pathos[149]. In den Beispielen des ersten Typus wirbt der Chor Mittrauernde an, die seine mitfühlende Klage aufnehmen und vervielfachen. Wie Orpheus Bäume durch seinen Gesang in Bewegung setzte, so hört der Chor in schmerzlicher Entrückung die Wehrtürme, die Brunnen und die Felsen einfallen und die eigne Klage über die Erde hin bis zu den Grenzen des Alls tragen. So braucht auch der Held, über die menschliche Kommunikation zur Höhe eines einsamen Schicksals hinausgetragen, mitfühlende Partner, vor denen er seine Seele entladen kann, Gefäße, die seine überströmende Passion auffangen können. Darum nennt er bei Namen die Dinge, die ihm vertraut und teuer sind — die seine ‚Welt' ausmachen. Aber das ist nicht ein daseiendes, göttliches All, sondern eine ihm persönlich zugehörige Welt, ein sich ekstatisch entzündender Lichthof,

---

148) Vor der Schlacht von Platää riet das Orakel den Athenern, nicht bloß den großen Olympiern zu opfern, sondern auch Pan und den Sphragitidischen Nymphen — eine Tatsache, die daran erinnert, wie Philoktet den Nymphen von Lemnos seinen Abschiedsgruß entbietet (1454).

149) Vgl. W. Schadewaldt, *Monolog und Selbstgespräch — Untersuchungen zur Formgeschichte der griechischen Tragödie*, Berlin 1926, 68.

Die wahre Tragödie

der für einen Augenblick die tiefen Anhänglichkeiten des Gemüts enthüllt, die Heimat seines Empfindens. Das ihn durchglühende Pathos ist das Zentralfeuer, von dem alles Licht ausgeht; wenn es erlischt, dann sinkt auch die mitfühlende Szenerie mit ihren Strömen und Hainen, mit den Werkzeugen des Kriegs und des häuslichen Lebens zurück ins Nichts.

Ist das nicht die Art aller dichterischen Aussage? mag man uns entgegenhalten. Es ist das Vorrecht des Dichters, sich des ‚pathetischen Fehlschlusses' bedienen zu dürfen. So vermenschlicht er nicht-menschliche Gegenstände, damit wir uns unter ihnen zuhause fühlen. Gewiß! Aber da die Trennungslinie zwischen Mensch und nicht-menschlicher Natur keine unzweideutige Gegebenheit unserer Erfahrung ist, sollten wir die verschiedenen Arten von ‚Anthropomorphismus' sorgfältig auseinanderhalten. Dieser Begriff kann auch auf Solon angewandt werden, für den eine Naturkatastrophe und der Umsturz der freiheitlichen Staatsordnung durch einen Tyrannen ein und dieselbe in der Natur des Kosmos gegründete Wahrheit veranschaulichen[150]. Offenbar ist diese Form der Beseelung, begrifflich durchdacht und untermauert von einer tiefen Glaubensüberzeugung, grundverschieden von dem, was sich in der Tragödie vollzieht. In solchem Maß hat der Gedanke des lebendigen Kosmos seine Macht über das Denken des Tragikers verloren, daß er sich die Freiheit nehmen darf, die Natur zum Echo persönlicher Erregung zu machen. Der Held ist hier wahrhaft Einzelner, allein mit sich selbst. Auch der kosmische Raum, der sich um ihn öffnet, um seine Klage zu empfangen, ist ein Symbol seiner tragischen Einsamkeit und Freiheit. Der Zerfall des Glaubens an den Kosmos setzte die Natur frei für eine Interpretation in der Sprache des menschlichen Pathos. In ähnlicher Weise — *mutatis mutandis* — machte die Auflösung der teleologischen Metaphysik im 18. Jahrhundert die Natur frei für die Rolle eines Gegenbildes romantischer Sehnsucht: im Gemurmel von Wald und Fluß durfte nun der Dichter »the still, sad music of humanity« wiedererkennen[151].

Das tragische Pathos, das die ganze Welt in seinen dionysischen Wirbel reißt, und der »weltlose« sokratische Gedanke enthüllen nun ihre Verwandtschaft. Ciceros klassische Aussage beschreibt treffsicher den Wendepunkt in der Entwicklung der griechischen Philosophie: *Socrates autem primus philosophiam devocavit e caelo et in urbibus collocavit et in domus etiam introduxit et coëgit de vita et moribus rebusque bonis et malis*

---

150) W. Jaeger, *Solons Eunomie*, Sitzungsber. d. Preuß. Akad. d. Wiss., phil.-hist. Kl., Berlin 1926, 80—81.
151) W. Wordsworth, *Lines composed a few miles above Tintern Abbey* (The poetical works of W. Wordsworth, ed. by W. Knight, I, Edinburgh 1882, 269).

quaerere[152]. Der »Himmel« aber, von welchem die Philosophie durch Sokrates herabgerufen wurde, war der Kosmos, den die frühen ionischen Denker zum Gegenstand ihrer Forschung und Anschauung gemacht hatten. Die Neuheit des Unternehmens bestand nicht so sehr im Nachdenken über menschliches Verhalten, sondern darin, daß das menschliche Problem des Sokrates erste, wenn nicht einzige Sorge war und daß er eine Antwort nicht auf dem Weg über die Welt, sondern in den menschlichen Gedanken und Worten, den λόγοι, suchte, und das heißt letztlich in sich selbst[153]. Die Felder und Bäume hatten den Ioniern viel, ihm (nach einer vielleicht ironisch übertreibenden Aussage) nichts zu sagen[154]. Die Bestürzung, mit der die Vertreter der traditionellen Denkweise dem Sokrates zuhörten, spiegelt sich wider im Bericht eines orientalischen Besuchers. Als er hörte, wie Sokrates sich Gedanken macht über das menschliche Leben, lachte er und meinte, niemand könne die menschlichen Dinge verstehen, der sich nicht zuvor über die göttlichen belehrt hat. Unter »göttlichen Dingen« (τὰ θεῖα) aber verstand er nach dem Sprachgebrauch der Zeit den Himmel oder das Weltall[155]. Wir können uns die sokratisch-platonische Erwiderung auf diesen Einspruch wohl vorstellen: »Die göttlichen Dinge sind doch wohl in deiner Meinung die vollendet guten Dinge? Doch wie willst du sie erkennen, wenn du nicht weißt, was das Gute ist?« Das Gute aber, wie immer es ferner bestimmt werden mag (eine endgültige Bestimmung oder Definition hat Platon in seinen Dialogen ebenso wie in seinen sonstigen als ‚esoterisch' überlieferten Äußerungen wohlweislich vermieden), ist zunächst und zuerst das mit allem Streben, Wollen, Sehnen, Verlangen im Grund und in Wahrheit Erstrebte. Und nur als solches ist es uns unmittelbar, d. i. vermittelt durch dialektische Besinnung, zugänglich.

Es wäre eine Übertreibung, zu sagen, daß alles sokratisch-platonische Philosophieren das Licht der Erkenntnis auf den Menschen als solchen versammelt. Aber im Hinblick auf das Verhältnis Mensch-Welt findet eine Umkehrung der Reihenfolge und eine Verschiebung des Akzentes statt. Mit der sokratischen Selbsterkenntnis, dem γνῶθι σαυτόν, eröffnet sich das neuartige Weltverständnis, welches der platonisch-aristotelischen Philosophie und aller nachfolgenden Metaphysik zugrunde liegt. Ein Blick auf die bildende Kunst vermittelt eine anschauliche Parallele. Die mit Sokrates gleichzeitige klassische Kunst vollbringt eine herrliche und zugleich in ihrer

---

152) Cicero, *Tusc.* V 10.
153) Den hier nur angedeuteten Versuch, den wirklichen Sokrates von dem platonischen Sokrates zu unterscheiden, habe ich unternommen in: *Sokrates — Versuch über den Ursprung der Metaphysik*, München ²1959.
154) *Phaidros* 230 D.
155) Aristoxenos, fr. 53 Wehrli (Euseb., *Praep. evang.* XI 3).

kühnen Einseitigkeit erschreckende Leistung: alle Schaffenskraft widmet sich dem Bilde des Menschen, der auch ein Gott sein kann. Darüber schreibt ein Archäologe unserer Zeit: »Die Fülle des Kosmos, wie sie die ägyptische, überhaupt die vorklassische Kunst zur Darstellung gebracht hatte, existiert von da an künstlerisch nicht mehr. Die assyrischen Künstler schildern die Löwenjagd, sie schildern die Bäume, unter denen der König ruht, die Stadt, die er belagert, Flüsse, die sein Heer überquert, das Dickicht, in dem der Großkönig jagt — dieser Reichtum ist der Menschheit verloren gegangen, als die klassische Kunst das bloß Menschliche zum Haupt-Thema der bildenden Kunst erhob«[156]. Doch beschränkte sich die klassische Kunst nicht auf die Darstellung der in sich ruhenden menschlich-göttlichen Gestalt: sie machte das triumphale Werden des mit Autonomie gekrönten Menschen aus dem Kampf antagonistischer Kräfte sichtbar. Das berühmte Beispiel hierfür liefert der Parthenon. Auf dem westlichen, gegen Salamis blickenden Giebelfeld stellte sich die schiedsrichterliche Weisheit der Athene dem erzürnten Poseidon entgegen, der Verkörperung ungezähmter barbarischer Natur. Das gleiche Thema von der Freiheit, die über barbarische Stärke und Tyrannis triumphiert, wiederholte sich in den anderen Skulpturen des Tempels, die den Kampf der Griechen gegen die Amazonen, der Lapithen gegen die Zentauren feierten, um schließlich mit den Metopen der Ostfront einen zweiten Höhepunkt zu erreichen im Bild jenes Kampfes der Götter und der Titanen, den Platon zum Sinnbild seines Kampfes um das Sein (und damit zugleich der Wahl) erhob[157]. Athene, Inkarnation der Weisheit, steht hier beherrschend im Zentrum der Bildgruppe neben ihrem Vater Zeus, der mit seinem Donnerkeil die Feinde zerschmettert. Beachten wir nun, einem Winke Saxls folgend, die berühmte zweite Metope des Parthenon. Der lapithische Krieger stemmt sein linkes Knie gegen die Flanke des sinkenden Zentauren, die eine Hand umklammert die Kehle des Tiermenschen, die andere holt zum tödlichen Streich aus. Es gibt orientalische Vorbilder für diese Komposition[158]. Aber während die asiatischen Siegelzylinder den Menschen und das besiegte Tier in Nebeneinanderstellung zeigen und zu einem heraldischen Muster erstarren lassen, gestaltete der griechische Künstler den Augenblick der Aktion zu einer lebendig-bewegten, in sich gespannten Gruppe. So gewinnt das Relief eine symbolische Bedeutung. Nach einem Kampf auf Tod und Leben tötet der Mensch, der ganz Mensch ist, die noch in Tierheit versunkene menschliche Natur. Bald

---

156) Fritz Saxl, *Mithras*, Berlin 1931, 48—49. Dazu: H. Kuhn, *Das Problem der Interpretation von Kunstwerken*, Zeitschr. f. Ästhetik u. allg. Kunstwiss. 27, 1933, 52—58.
157) *Sophistes* 246 A. Vgl. auch F. M. Cornford, *Plato's Cosmology*, 1937, 362.
158) Vgl. H. W. Ward, *The Seal Cylinders of Western Asia*, Washington D. C. 1910, Nr. 184.

aber sollte der Kosmos wiederum seinen Einzug in die Welt künstlerischer Gestaltung halten. Durch das hellenistische Landschaftsbild, den Symbolismus der Mithras-Reliefs und der religiösen Kunst überhaupt und die bukolische Dichtung behauptete er aufs neue sein Recht.

Die Analogie läßt sich noch um einen Schritt weiter verfolgen. Im Dreiklang der Parthenon-Kunst, der Götter, Menschen und Tiere vereint, dominiert in der Tat der Mensch: die Götter sind menschlich geworden, und die herrlichsten der Pferde, die des nächtlichen Gespanns im Westgiebel, gehören nicht bloß zur athenischen Kavallerie wie die des Festzugs — sie sind Figuren des menschlichen Seelenschicksals und verdienten, vor die Wagen der den Himmel umfahrenden Götter im *Phaidros* gespannt zu werden [159]. Nun genügt es nicht, von diesen verklärten Menschenbildern zu sagen, daß sie, in sich ruhend, des kosmisch-landschaftlichen Rahmens entbehrten. Man muß hinzufügen, daß sie sich, wie die thronenden Götter oder die gelagerten Göttinnen des Parthenon, zu einem durch φιλία neu gestifteten Kosmos zusammenfügen, und mehr noch: daß ihre sieghafte Leiblichkeit einen natürlichen Kosmos ausstrahlt — daß sie mikrokosmisch konzipiert sind. Mit den Worten Bernhard Schweitzers: »Die griechische Figur ist welthaltig« [160]. Das wird am deutlichsten dort, wo das Fehlen der sichtbaren Umwelt zunächst frappiert. Das Vasenbild eines rotfigurigen Kraters im Louvre gibt eine gute Vorstellung von seinem Vorbild, vermutlich einem Tafelbild des Niobidenmalers. Dargestellt ist ein Feldlager vor der Schlacht: jugendliche Männergestalten, teils entkleidet, teils gerüstet, in verschiedensten Stellungen, unter der Aufsicht Athenes. Von Landschaft keine Spur — nur ein paar Bodenlinien zur Andeutung der Standfläche und der Tiefendimension. Je intensiver wir uns aber in das Bild hineinsehen, desto spürbarer wird uns der nicht sichtbare und doch wirksame Welt-raum. Jede einzelne Gestalt trägt ihn als Lebensprinzip in sich und um sich. Ähnliches gilt von der Besinnung auf den Logos und seinen Grund im Vermögen des Menschen, symbolisch dargestellt von Sokrates im Heerlager beim Feldzug nach Poteidaia: vom Morgen an bis zum nächsten Morgen stand er in der Verzauberung des Gedankens in sich gekehrt da, und dann, nach einem Gebet an die Sonne, ging er seines Wegs [161]. Der denkende Geist, sich in sich selbst versenkend, kehrt sich ab von der Welt, um sich ihr dann, mit neuer Wahrnehmungskraft ausgerüstet, wieder zuzuwenden.

Man weiß, in welchem Maße Platon ein Sokratiker geblieben ist. In den Dialogen der frühen und der mittleren Periode ist der Kosmos entweder abwesend, oder er erscheint in mythischer Verkleidung, um als Szenerie für

---

159) Vgl. Ernst Buschor, *Pferde des Pheidias*, München 1948.
160) B. Schweitzer, *Das Menschenbild der griechischen Plastik*, Potsdam 1947, 13.
161) *Symposion* 220 CD.

das postmortale Schicksal der Seele zu dienen. Aber im *Phaidon* sind der mythischen Landschaft bereits Züge einer Astronomie beigemischt, die an das Weltbild der Ionier anknüpft, aber es zugleich von Grund aus verwandelt. Der Umriß der neuen teleologischen, d. h. von dem mit λόγος und τέχνη ausgestatteten Menschen her gewonnenen Kosmologie wird dann im *Sophistes* (265 C) und im *Philebos* (28 D) abgesteckt. In beiden Dialogen werden wir vor eine Alternative gestellt. Ein rational geordnetes Universum, geschaffen und beherrscht von einem göttlichen Intellekt, steht einem zufällig zusammengeratenen und vom Zufall regierten All gegenüber. Die Wahrheit der erstgenannten Ansicht wird nicht eigentlich bewiesen: für die zweite sich zu entscheiden wäre Widersinn und Gottlosigkeit. Schließlich wird im *Timaios* und im zehnten Buch der *Gesetze* das neue Weltbild voll entfaltet, dargestellt mit den begrifflichen Mitteln der sokratischen Dialektik, jedoch ohne Anspruch auf wissenschaftliche Genauigkeit. Nur ein »wahrscheinlicher Bericht« (*Tim.* 48 D) soll geboten werden. Dieser nachsokratische Kosmos ist wohl ein göttliches, immerwährendes, in sich ruhendes Lebewesen. Aber er ist zugleich und wesentlich Schauplatz des menschlichen Schicksals. Verdankt er doch seinen Ursprung »dem Guten« (mythisch gesagt: der Güte des Demiurgen) [162] — dem gleichen Prinzip, auf das der Mensch als Wollender, sich um sich selbst Sorgender und Fragender, von sich aus, durch freie Wahl, in unmittelbarer, d. h. nicht durch die Welt vermittelter Beziehung ausgerichtet ist.

In noch entschiedenerer Weise, aber ohne darum aufzuhören, ein Platoniker zu sein, setzt Aristoteles das Werk der vor-sokratischen Kosmologie fort. In seiner Philosophie findet sich der Mensch wieder ganz hineingenommen in den Kosmos. Die Geschichte des menschlichen Geistes, der sich um seiner Freiheit willen erst von der Welt befreit und sie dann in seinem Bild wiederaufbaut, hat ihren entdeckerischen Kreislauf vollendet. Das Verfahren *Philosophia contra Tragoediam* ist geschlichtet, der Tragödie wird ihr rechtmäßiger Platz in dem wiederaufgebauten Kosmos durch den Richtspruch der *Poetik* zuerkannt, und die Argumente der platonischen Verurteilung werden Stück für Stück in Beweisgründe der Apologetik umgewandelt. Die Lehre von der Katharsis schließlich besiegelt das Naturalisationszertifikat, das Aristoteles der Tragödie ausfertigt. Es gibt, so werden wir belehrt, nur eine Welt, diese sichtbare Welt, in der wir uns finden. Und für uns als Individuen gibt es nur *ein* Leben — dies unser irdisches Dasein. Verwoben in die leiblich-animalische Existenz, wie es unserer Natur entspricht, dürfen wir die Seligkeit intellektualer Anschauung nur dann und wann in bescheidenen Proben kosten — ein immer gefährdeter Besitz. Noch im hohen Alter, an der Schwelle des Todes, kann uns das Schicksal unser auf lange Tugend-

---

162) *Timaios* 29 D—30 B.

übung gegründetes Glück durch jähen Überfall rauben. Dank unserem Intellekt sind wir fähig, den Begriff eines vollendeten Glücks zu erfassen, nicht es selbst zu erwerben. Für Aristoteles war die Wiederherstellung des natürlichen Kosmos ein Akt metaphysischer Fügsamkeit, vielleicht der tragischen Resignation, und gerade dadurch war er in der Lage, der Tragödie Einlaß in seine ‚Beste Stadt' zu gewähren. Sein größter christlicher Schüler spürte hinter der naturalistischen Resignation des Meisters und derer, die ihm darin folgten, die Beängstigung des Geistes, dem der Weg zu seinem natürlichen Endziel abgeschnitten wird: *In quo satis apparet quantam angustiam patiebantur hinc inde eorum praeclara ingenia* [163].

Daß die von Platon aufgeworfene Frage mit der aristotelischen Ratifikation der Tragödie als einer Einrichtung nicht zur Ruhe kommen kann, zeigt sich an der Erneuerung der Diskussion im christlichen Denken. Der Kosmos, seiner selbstgenügsamen Göttlichkeit entkleidet, muß sich mit dem reflektierten Glanz einer göttlichen Schöpfung begnügen. *Nos Deum colimus, non caelum et terram*, schrieb Augustin [164]. Zusammen mit der Lehre vom ewigen Leben, dessen entschiedene Kühnheit die platonischen, noch immer mit Periodizität behafteten Vorstellungen jenseitiger Seligkeit weit hinter sich läßt, lebt auch die platonische Feindseligkeit gegen die Tragödie wieder auf. Die beißende Kritik der tragischen Dichtung im *Staat* findet ein Gegenstück in den noch zornigeren Angriffen in den *Bekenntnissen* und im *Gottesstaat*; und Platons »wahrste Tragödie« erscheint christlich abgewandelt in Augustins Vision der Weltgeschichte als einer »erhabenen Dichtung Gottes«, die er, um die Abfolge der Zeitalter in glänzender Prozession vorzuführen, antistrophisch gegliedert hat [165].

Doch ist die christliche Philosophie mehr und anderes als eine Wiederholung der platonischen Position. Die Stimme des Leidens, gedämpft in Platons »wahrster Tragödie«, darf in dem übernatürlichen Heilsdrama aufs neue ertönen. Mit lauter Stimme darf der Gläubige sich seiner Heimsuchung rühmen. In der Zelle des sterbenden Sokrates herrschte, nicht unangefochten, aber doch siegreich, die Heiterkeit des Geistes. Weinen und Seufzen waren verbannt. Zur christlichen *imitatio Dei* aber gehört die menschliche Teilhabe an »den Leiden des Leidlosen« (τοῖς τοῦ ἀπαθοῦς πάθεσιν), an dem »Drama«, das, nach den Worten Gregors von Nazianz, »wunderbar komponiert ist für unseren Gewinn« [166]: *compatimur ut et conglorificemur*. Und

---

163) Thomas von Aquin, *Summa contra Gentiles* III 48.
164) *De Civ. Dei* VII 29.
165) *De Civ. Dei* XI 18; vgl. XIV 9, wo von dem Apostel Paulus als dem *athleta Christi* gesprochen wird, der handelt und leidet »auf dem Theater dieser Welt«.
166) δραματουργεῖται καὶ πλέκεται θαυμασίως ὑπὲρ ἡμῶν, Gregor von Nazianz, *Die fünf theologischen Reden* (IV 6), hrsg. v. J. Barbel, Düsseldorf 1963.

wieder erschließt sich in den Tiefen des Schmerzes und der Ratlosigkeit eine neue Region der Freiheit. Ist damit gesagt, daß das Problem, mit dem die Tragiker und Platon gerungen haben, gelöst wäre, aufgehoben in einer umfassenden Sicht von Leben und Welt? Die bejahende Antwort kann nur besagen, daß das Problem in den Stand des Mysteriums erhoben worden ist. So glänzt das πάθει μάθος der Tragiker im Licht einer das Tragische überwindenden Wahrheit.

VIII. Die Vertreibung der Musen

Der Sieg der Philosophie über die Tragödie mußte in der platonischen Tradition immer neu errungen werden. In welchem Maße Platons Antwort auf das zugrundeliegende Problem im Wandel der Jahrhunderte ihrer Substanz nach gültig blieb, mag ein Blick auf das Werk zeigen, welches den antiken Platonismus abschließt, um später zum Lehrbuch der jugendlichen Völker des Nordens zu werden.

Des Boethius *De Consolatione Philosophiae* ist ein authentisch-platonisches Dokument, trotz der mitverarbeiteten aristotelischen und stoischen Elemente; dabei von strenger Einheitlichkeit der Konzeption, trotz allen Versuchen, es durch Quellenanalyse in heterogene Bestandteile zu zerlegen [167]; ein spätes und zugleich reifes Beispiel des auf Sokrates als seinen Stifter zurückblickenden λόγος προτρεπτικὸς εἰς τὴν φιλοσοφίαν. [168]

Das Problem menschlichen Leidens wird hier zu einer durchdachten Theodizee entfaltet, und ein bestimmtes Leiden, das Elend des im Gefängnis schmachtenden Autors, bildet den Ausgangspunkt. Die Musen sind als einzige Tröster ihm treu zur Seite geblieben. Dann aber erscheint in seiner Zelle der wahre Arzt, die Herrin Philosophie, und es sind harte Worte, die sie an die Musen richtet. Statt den Gefangenen von seiner Krankheit zu heilen, so lautet ihre Anklage, haben sie ihn mit süßem Gift getränkt, haben den üppigen Wuchs seiner Leidenschaften genährt und so die Keime der Vernunft in ihm erstickt. Diese herrische Philosophie aber, die die Musen verjagt, die zu besonderer Geißelung die »rasende Muse« (I pr. 5,10) und den »Jammerruf der Tragödien« (II pr. 2,12) aussondert, die sich dennoch den Manieren »der kleinen Bühnendirnen« (*scenicae meretriculae,* I pr. 1,8) anbequemt, indem sie ihre Lehren durch Versmaß und Melodie

---

167) Vgl. E. K. Rand, *On the Composition of Boethius' Consolatio Philosophiae,* Harv. Stud. in Class. Philol. 15, 1904, 1—28.
168) Vgl. dazu Wilhelm Usener, *Anecdoton Holderi — Ein Beitrag zur Geschichte Roms in ostgotischer Zeit,* Leipzig 1877.

versüßt — sie ist das im Geist der römischen Spätzeit umgezeichnete Abbild der Philosophie Platons im Wettkampf mit der tragischen Dichtung[169].
Philosophie beginnt ihre Kur damit, daß sie dem Patienten ihr »milderes Heilmittel« einflößt. Ohne zunächst hinauszugehen über die Sphäre der relativen und kurzlebigen Güter, das Reich der Fortuna, weist der göttliche Lehrer die Ordnung und den sinnreichen Zusammenhang nach, der selbst hier herrscht. Wenn wir nur die Regeln dieses Reiches annehmen und uns hüten, Fortuna das *eine* Gut abzufordern, das zu verleihen sie unfähig ist — dauerhaftes Glück —, dann werden wir in Erinnerung an ihre Gaben Dankbarkeit empfinden statt Trauer über deren unvermeidlichen Verlust. Für Boethius verschmilzt die Ordnung des Reiches der Fortuna mit der Ordnung des natürlichen Kosmos: beide gehorchen dem unerbittlichen Gesetz rhythmischer Alternation. Es ist charakteristisch für die Rolle, die Boethius den metrischen Abschnitten zuteilt, daß gerade dieser Gedanke in Vers statt in Prosa zum Ausdruck kommt. In der *Consolatio* wird fast durchgehend der Kosmos, als metaphysischer Hintergrund und naturhaftes Gleichnis verstanden, in die poetischen Interludien verwiesen — ein Nachklang, so könnte es scheinen, der platonischen Auffassung, wonach für kosmologische Naturkunde der »wahrscheinliche«, d. i. der mythisch-poetische Bericht die angemessene Darstellungsform ist. Der *eine* Prosasatz, der die Idee der Fortuna als eines natürlichen oder kosmischen Gesetzes kraftvoll zum Ausdruck bringt, lautet: *Ius est mari nunc strato aequore blandiri, nunc procellis ac fluctibus inhorrescere. Nos ad constantiam nostris moribus alienam inexpleta hominum cupiditas alligabit?* (II pr. 2, 8). Diese Bemerkung — eine Reminiszenz, die weit zurückreicht in das archaisch-griechische Denken mit seiner juridischen Kosmologie — ist unmittelbar gefolgt von einem Hinweis auf die Krösus-Geschichte in Herodot und die zwei Fässer des Zeus bei Homer. Aber wir dürfen nicht vergessen, daß all dies Fortuna in den Mund gelegt wird. Für den Anfang soll nur eine begrenzte Wahrheit vermittelt werden.

Ein von Platon genährtes Denken kann sich nicht bei einer naturalistischen Philosophie des kosmischen Rhythmus und der ewigen Wiederkehr beruhigen. Wie heftig sich der Gefangene zuerst dagegen wehrt, zeigt sich in einem der stattlicheren Gedichte im ersten Buch, das sich wie ein entferntes

---

[169] Das Motiv der Musenvertreibung durch die Philosophie ist vorgebildet in den *Mitologiae* des Fulgentius. Pierre Courcelle hat neuerdings die Bedeutung dieser Anknüpfung untersucht, um zu dem Urteil zu gelangen: »Le motif est beaucoup plus ancien, il remonte à Platon lui-même« (*La Consolation de Philosophie dans la tradition littéraire*, Paris 1967, 20). Daß die Unterhaltung zwischen Boethius und der Philosophie sich vielfach dem sokratisch-platonischen Dialog annähert, ist von F. Klingner gezeigt worden (*De Boethii Consolatione Philosophiae*, Berlin 1921, 67—84).

Echo des berühmten Monologs im *Ajas* des Sophokles liest (646—677) — es enthält etwa die gleichen Hinweise auf die gesetzmäßige Periodizität im Wechsel von Tag und Nacht, Sommer und Winter, Sturm und Meeresstille. Bei Sophokles ist der Abgrund, der den Menschen von der Natur trennt, durch die gespielte Fügsamkeit des Helden verhüllt; bei Boethius zeigt er sich unverhohlen. Unbeirrbar durchwandelt die Natur ihre vorbestimmte Bahn. Warum, so fragt der Gefangene, darf es geschehen, daß das menschliche Leben aus den Fugen gerät? Dies ist der Augenblick der äußersten Entfremdung im philosophischen Drama des Boethius, und die Herrin Philosophie wird sich bald auf diese Zeilen als eine Äußerung der *Musa saeviens* beziehen. Hier äußert sich, anders gesagt, die tragische Ansicht des Lebens — die Position, die dann schrittweise überwunden wird durch ein Aufgebot philosophischer Beweise.

Es ist die Aufgabe des Menschen, sich der Ordnung wiedereinzufügen, die er durch sein eignes Tun gestört hat. Nachdem die Führerin diese Wahrheit eingeschärft hat, stellt sie den gepeinigten Schüler vor eine Wahl, die dem Leser Platons vertraut ist: *Mundum temerariis agi fortuitisque casibus putas, an ullum credis ei regimen inesse rationis?* (I pr. 6, 3). Da der Glaube an die Rationalität der Welt im Geist des Schülers unerschüttert ist, kann die Lehrerin ihr Gebäude auf einem zuverlässigen Fundament errichten. In dem Maße, da ihre Belehrung sich von den relativen und wandelbaren Gütern zu dem höchsten Gut erhebt, welches eins ist mit Gott, läßt sie den sich selbst genügenden Kosmos unter sich oder vielmehr: sie verwandelt ihn in die von ihrem Schöpfer regierte Schöpfung. Des Menschen unstillbares Verlangen, ein Fremdling und eine zerstörende Kraft in der Welt der totalen Periodizität, gewinnt nun seinen rechtmäßigen Gegenstand. Die Erste Ursache der schwellenden und verebbenden Gezeiten des Lebens ist die sich ewig verschenkende, ewig in ihrem Frieden ruhende Fülle (III, m. 9,27):

Tu requies tranquilla piis, te cernere finis.